현대신서
42

진보의 미래

필리프 프티와의 대담

도미니크 르쿠르

김영선 옮김

東 文 選

진보의 미래

Dominique Lecourt

L'avenir du progrès

entretien avec Philippe Petit

© Les éditions Textuel, 1997

This edition was published by arrangement

with Les éditions Textuel, Paris

through Shinwon Literary agency, Seoul

인물 묘사

《두려움에 대항하여》(1990)의 작가는 철학자이다. 우리는 분명히 말하건대 그는 철학자이지 심리분석가이거나 문화인류학자가 아니다. 도미니크 르쿠르는 생각하는 갈대의 부류에 속하는 사람이다. 그는 남자나 여자, 사부아 사람 혹은 티베트 사람이라고 분류하지 않고, 단지 하나의 사상만이 있다고 하는, 인간의 정신을 타고날 때부터 구분하지 않는 사상을 지지하는 '신사'이다. 성·가족, 혹은 문화적 우연성이 그의 이런 확신을 흔들리게 할 수는 없다. 이런 보편성에 대한 방향이 없다면 철학자란 아무것도 아니며, 사상에 대한 의무가 없다면 철학은 아무것도 아닌 것으로 줄어든다. 만일 진리가 존재한다면 그것은 모두를 위한 것이거나, 그렇지 않다면 아무것도 아닌 것이 될 것이다. 도미니크 르쿠르는 이성의 도전을 믿는 철학자 중 한 사람이다. 그가 쓴 모든 책들이 그것을 증명하며, 그의 책들은 치명적인 열정에 대한 치료약이기도 하고, 현세계를 정면으로 바라보도록 하는 초대이기도 하다. 우연히도 그는 불안한 기간인 1944년에 파리에서 태어나게 되었는데, 그의 인생 소설은 가족을 산산조각으로 분열시킨 역사적·감정적 결투로 시작되었다. 비시는 부계를 둘로 잘라 놓았다. 증조부는 파리코뮌의 가담자였으며, 조부는 레지스탕스였다. 그러나 이 두 사람 모두 사회공화당 계보였다. 그의 아버지는 이런 훌륭한 계승과 단절하고, 국가 혁명과 결합하였다. 1943년까지 전쟁 포로였던 그의 아버지는 풀려 나오자 신문 기자가 되었다. 그는 도미니크를 세상에 태어나게 하였으며, 이어 비시에 합류하여 차관이 됨으로써 형무소에서 형벌을 치르고, 영원히 자기 아들의 삶에서 이탈하게 된다.

다행이도 모계는 파괴되지 않았다. 그의 외조부는 우선 전 프란체스코수도회의 수도사였던 생 프랑수아 산하의 제3회원이었으며, 파리 변호사회의 변호사가 된다. 《가제트 뒤 팔레》의 편집장인 그는 아내와 함께 카르멜회의 수도사원 앞 생쉴피스 근처에 머물렀다. 그에게는 많은 자녀들이 있었으며 그 중 베르나르 셰노는 어린 르쿠르가 좋아했던 외삼촌이었는데, 드골 장군의 대신(大臣)이었으며, 도덕과 정치·학문 아카데미의 영구사무관이자 법무부 장관이었다. 알제리 전쟁 동안 방돔 광장에서 그의 조카와 점심 식사를 같이한 적이 있었는데, 그와 정말 아름다운 것에 대해 이야기했다.

어머니 르쿠르 부인에 관해 말하자면, 그녀는 집안의 두 딸 가운데 하나였으며, 1939년에 결혼, 1944년 이혼하였고, 1955년에는 장 칸과 재혼하였다. 영주의 딸로서 그것은 용기 있는 선택이었는데, 그 당시 '다른 교도와의 결혼'이라는 것이 흔한 일이 아니었기 때문이며, 참사원 회원이자 장차 런던에 체류하게 될 프랑수아 미테랑 곁에서 특별 임무를 띤 관리였던 그는 가족의 몇몇 구성원들의 눈에는 '부끄러운 사람'으로 비춰졌는데, 더구나 그가 유대인이었기 때문이다. 하늘의 도움으로 어린 르쿠르는 그의 두 가계의 덕을 보게 된다. 그는 그리스도교의 종교적 교육과 동시에 세속적 정치 교육을 받게 되었다. 외조부의 영향 아래 그는 예수회의 초등 교육기관에서 생루이드공자그 중학교의 학생이 되었다. 또한 그의 양부(養父)의 영향 아래 뷔퐁 고등학교에서 모든 교육을 받았으며, 1960년에 대학입학자격시험을 치렀다. 그리고 이듬해에 루이 르그랑에서 하위 수업 준비 학급에 들어가게 되었다. 1965년 교원 사범대학교에 입학하기 위한 콩쿠르에 받아들여져, 고고학에 빠진 이 학생은 당시 그리스어 연구와 철학 강의 사이에서 망설였는데, 결국 철학을 선택하게 되었다. 알튀세와 데리다는 그곳 철학 수업에서 그를 기다리고 있었다. 그는 알튀세의 친구가 되어, 사람들이 알고 있는 아내 살해 사건 이후 그의 법적 대변인이 될 정도였다. "나는 알튀세파 사람들의 아류이지, 《자본을 읽는다》에 속하지는 않는다"라고 오늘날 철학자는 강조하고 있다.

어쨌든 학교는 그의 부식토가 될 것이었다. 폴팽르베 광장의 클라라테 지하에서, 《이설인가 혁명인가?》(1978)라는 저서의 이 미래 작가는 알제리 전쟁에 반대하는 팜플렛을 작성하였다. 학교에서 그는 후설과 마르크스의 사상을 이해하는 것을 배웠다. 젊은 도미니크 르쿠르는 궤도에 있었다. 그 시대는 지적 동요 상태에 있었다. 사상의 혁명이 일어났다. 이론과 개념을 이용하여 서로 싸웠으며, 글쓰기를 훈련하였다. 불과 10년 만에 도미니크 르쿠르는 아미앙 대학의 교수가 되었다. 그의 공적으로는 여러 권의 저서를 가지고 있으며, 그 중 《가스통 바슐라르의 역사적 인식론》(1969)은 개시 신호가 되었고, 조르주 캉길렘은 그의 작품에 경의를 표하였는데 그 작품의 독창성과 정확성 때문이었다. 이제는 12개의 언어로 번역되고, 브랭 출판사가 10회나 재출간한 그의 논문을 읽은 후 캉길렘은 "당신은 한 노인의 머리말을 참을 수 있습니까?"라고 말하였다.

'노인'으로 지칭된 도미니크 르쿠르는 겨우 30세의 나이였으며, 그러므로 그의 동료들에 의해 알려진 철학자였다. 그는 숨쉬고 휴식을 취할 필요가 있었다. 좌파의 집권은 그에게 그렇게 할 수 있는 기회를 제공하였다. 그는 글 쓰는 것을 중지하고 문교부 CNED(원거리국립교육기관)의 책임자가 되었으며, 1990년에야 다시 펜을 잡게 되었다. 과학역사가이며 자유와 정치철학자인 그는 《프로메테우스·파우스트·프랑켄슈타인: 윤리학의 상상적 기초〉(1996)의 저자로서, 우리 민주주의의 경제적·기술적 과도와 표류에 대항하는 것을 두려워하는 사상가들의 부류에 속하지 않는 사람이다. 그는 진보와 그 미래에 관련하여 역사와 합리성에 대한 우리의 개념 자체에 대해 과학과 과학의 영향이 갖는 권력, 지식과 도덕의 진보와 관련하여 그런 질문들에 직면한 우리 서로서로가 느끼는 불안에 대응하기에 가장 적합한 것으로 보였다. 복제와 광우병의 시대에, 1992년 5월 8일 베냉 대학에서의 〈해소하는 데 필요한 보편성의 관점〉이라는 강연 때 그가 말했던 것처럼 '까닭 모를 갑작스러운 공포로 단지 희생물이 된 모든 사람들에게' 그 두려움이 나타날 때 두려움, 즉 증오를 방어하는 데 그는 가장 적합한 것처럼 보였다.

필리프 프티(철학박사·신문 기자·저널리스트)

개 요

과거를 조명하지 않고는 진보 사상에 대한 미래를 예견할 수 없다. 진보라는 단어의 현대적 의미가 만들어진 것은 17세기 베이컨과 더불어였다. 콩도르세와 함께 그는 귀족 문체를 습득하게 되었다. 그러나 진보주의 학설이 발전하게 되어 태동하는 사회주의를 거쳐 형체를 이룬 것은 19세기에 이르러서였다. 이 진보주의 학설은 당시 움직이는 신화가 되었으며, 공산주의자들이 그것을 계승한 20세기까지 그러하였다. 저자는 진보주의 학설이 발생시킨 '정치적' 표류만큼이나 '과학적' 표류를 징계하며, 미래의 윤리학으로 이해된 진보에 대한 요구에 새로운 정의를 주장한다.

발달과 성장이라는 것은 복지와 사회적 화합에서 비롯된 두 가지 양식인가? 단연코 그렇지 않다. 작가는 비관주의에 빠지지 않으면서도 다소 어두운 시대적 도표를 작성한다. 생활윤리학·농업·환경론 및 새로운 통신 기술이 여기서는 비판적이면서도 개방적인 관점에서 언급된다.

과학과 기술을 혼동함에 따라 사람들은 무엇에 대해 말하고 있는지 더 이상 알지 못한다. 정치 분야와 도덕의 영역을 혼동함에 따라 무엇을 생각해야 할지 또한 더 이상 알지 못한다. 작가는 철학의 새로운 평가에 대해 옹호한다. 그래서 그는 미덕의 가장 근본인 용기를 주장한다. 그가 증명하기를 바라는 것은 두려움의 윤리에 대항하며, 방법을 아는 조건하에서는 모든 사람이 철학을 할 수 있다는 점이다.

I

진보 사상에 관한 간략한 역사

1969년 《진보에 대한 실망》에서, 레이몽 아롱은 68년 5월의 혼란이 전후의 풍요에 뒤이어 발생한 것이 아닌가 하고 자문하였습니다. 진보에 대한 그의 질문은 변증법적이고, 어떤 의미로는 역설적이기를 스스로 바랐습니다. 그는 대체로 성장이란 진보와 마찬가지로 창조적 파괴 과정에서 비롯된다고 말하였습니다. 그 이후로 4반세기가 지나서 물질적·기술적 진보와 일반적으로 사회의 진보에 대한 우리의 생각이 '창조적 파괴'로서 정의될 수 있다고 생각하십니까? 새천년기에도 여전히 진보 사상을 참조할 필요가 있다고 판단하십니까?

레이몽 아롱은 뒤늦게 쓴 서문에서 68년 5월에 관한 판단에, 그가 5년 일찍 작성한 그 책에서 자신이 지지했던 변천의 변증법적 개념을 따르게 했습니다. 혼란은 역설적이게도 풍요 때문에 발생하였다고 그는 주장합니다. 그는 성장은 창조적 파괴 과정에서 비롯된다는 오스트리아의 경제학자 조제프 슘페터의 말에 찬동합니다. 성공은 불평등을 만들면서 갈등을 일으킨다고 강조하였습니다. 그는 "진보 그 자체는 반란에 대한 책임이 있다"라고 단언합니다. 마침내 그는 "성공은 실패를 야기하는데, 그 이유는 성공이 더 이상 흥미를 불러일으키지 못해 단지 미래, 올 것 혹은 할 것만이 열정을 일으키기 때문이다"라는 사상을 지지합니다. 그의 모든 추론은 성장을 진보의 동력과 동일시하는 데 의지하고 있습니다. 30년대를 살았던 세대는 빈곤과 잔인함이 어떤 것인가를 알았다고 그는 주장하는데, 그 세대는 제2차 세계대전이 끝나고 서양 세계가 알게 된 유례 없는 진보의 혜택을 무시할 수 없었습니다. 1944년과 1950년 사이에 태어난 세대는, 그것에 대해 아무것도 알고 싶어하지 않았습니다……. 날카로운 아롱은 그것을 '해결된 문제에 대한 무지'로 정의하고 있습니다. 25년이 지난 후, 맞든 틀리든간에 30년대와의 비교가 아주 다양한 의미를 띠면서 여러 가지 문체로 제기되고 있습니다. 1965년과 1970년 사이에 태어난 세대는 '위기'라는 말 외에 들어 본 말이 없습니다. 신화처럼 등장한 진보, 그것은 '영광스러운 30년대'라는 불순한 명칭하에 사람들이 영웅시한 황금 시대의 신화를 가리킵니다. 그 세대는 미래가 현재보다 더 나을 거라고 무의식적으로 믿지 않으며, 전후 세대가 그렇게도 강하게 믿어 왔던 진보의 현실에 대하여 자문해 봅니다. 순진하게 당연한 것으로 받아들여진 역사철학이라는 주된 단어가 아니면 다른 무엇이겠습니까? 이러한 철학은 인간이 과학·기술의 진보와 이것들의 적용 덕택으로 자기 운명의 주인이 될 거라는 환상을 퍼뜨리게 하지 않았습니까? 합리적이 된 사회는 틀림없이 풍요의 사회가 될 것이었습니까? 사람들 사이의 관계는 영원히 평화를 회복할 것입니까?

선생님께서는 표현을 다소 과장하고 있는 것 같습니다. 경제 성장이 사회 복지의 모체가 아니라 아마도 그것의 조건이라고 말하고 있기 때문이지요. 그것은 단순한 착각이라고 말함으로써 과장하고 있는 것 아닙니까?

최소한의 시대적 묘사가 반증으로 들릴지도 모릅니다. 가장 많은 사람을 죽게 한 전쟁이 유럽의 중심부로 되돌아왔습니다. 또한 풍요와 여가 대신에 우리는 실직이라는 문제를 안고 있습니다. 과학과 기술은 죽음을 심어 놓고, 또한 괴물들을 만들어 내고 있습니다. 산업은 일부 사람들이 회복할 수 없다고 말할 정도의 파괴와 오염을 실어나르는 것으로 밝혀졌습니다. 시민 정신은 후퇴했고, 부정이 폭로되고 있습니다……. 이성의 진보는 유례 없는 미신적 신앙과 미신적 행동의 확산을 막지 못했습니다. 비관주의 바람이 오늘날 전지구 위로 불어닥치고 있습니다. 사상은 어두워지고 있습니다. 윤리가 심한 공포의 동기를 끌어당기지 못할 정도로 두려움 위로 작용하고 있습니다. 프랑켄슈타인은 이 세기말의 우울한 영웅이 되었습니다. 진보 철학이 자신의 의무를 다하고 있는 것입니다. 몇몇 사람들은 심지어 공공연하게 진보를 죽은 사상이라고까지 단언합니다. 그들 자신의 고백대로 진보에 대해 포기하기를 바랐던 만큼 혼미함이 그들을 사로잡은 채로 남아 있습니다. 현대 서양의 표현 방식을 대변하는 사람들이 이런 사상에 의지하지 않고서 어떻게 생각이나 할 수 있겠습니까? 우리가 이런 사고의 **근원**과 그 **구성**에 대해 미리 자문해 보지 않고, 그러한 질문에 대답할 수 있으리라고는 생각지 않습니다. 진보 사상의 역사만이 진보의 미래에 대해 우리에게 밝혀 줄 것입니다. 그러나 연합하는 **하나의** 사고로서 진보 사상의 구성은 현세계 행위자들에 의해 초래되었고, 그것을 만들어 내는 데 기여한 구체적 역사의 목표로 반추되고 있습니다.

그러한 목표들이 오늘날에는 사라지고 있습니까?

가장 은밀한 곳에서 그 이전 어느 때보다 격상되고 열광받을 가치가 있는 인간의 어떤 사고가 작용했다고 오히려 말하겠습니다. 우리 활동의 모든 분야에서 우리가 해낼 수 있는 진보들 사이에 생기는 일관성에 대한 **요구**를 좀더 확립하기 위해 진보에 대한 환상을 없앤다는 것, 그것은 내일을 위해, 즉 오늘을 위해 윤리와 정치가 관련되는 일입니다.

진보에 관해 말할 때, 그 단어의 다의성으로 충격을 받게 됩니다. 진보의 사상사 자체에 대해 말하기 전에, 저는 이 다의어를 다소 명확히 구분할 수 있었으면 합니다. 진보, 그것은 하나의 사상·개념·범주이며, 또한 그것은 하나의 주제이자 관념일 수 있습니다. 진보라는 단어의 다양한 의미에 어떻게 접근하시겠습니까?

1세기 반이 지난 이후로 진보라는 단어가 상징처럼 보이는 만큼 그런 철학적 훈련이 더욱더 필요한 것 같습니다. 이 단어는 자연이나 조국·학문처럼 비판적 숙고보다는 다소 신앙과 가입을 촉구하는 것들, 그런 것들로 표어를 만드는 단어들 가운데 자리잡게 되었습니다. 이런 사실로 인해 선생이 말하고 있는 다의어의 이점을 종종 잃고 있지요. 만일 사람들이 자신의 역사를 바라보게 된다면, progressus라는 최초의 라틴어 형태에서 그것이 오랫동안 군대의 자신만만하고 당당한 전진을 가리키는 군사적 의미만을 지니고 있었다는 것을 깨닫게 됩니다. 16세기 프랑스어에서, 특히 몽테뉴에게 있어서 그것은 라틴어 progressio에 덧붙여진 '덕을 향한 길'이라는 도덕적 의미를 지니게 됩니다. 진보라는 단어의 현대적 의미는 대부분 프랜시스 베이컨에 의해 다듬어졌다고 말하는데, 이는 틀린 말이 아닙니다. 그러나 그가 영어로 쓸 때, 영국의 재무장관은 progress가 아니라 advancement를 사용하였는데, 이 표현은 전혀 자연스러운 것이 아니었습니다. 미셸 르 되프는 '진보와 향상'을 제안하였는데, 그 시대에 progress는 단지 여행만을 의미했기 때문입니다. 베이컨이 advancement라는 단어에서 진보라는 단어의 현대적 의미로 이르는 길을 열어 놓았습니다. 그는 1603년부터 1625년까지 재위한 영국과 아일랜드의 왕 제임스 1세에게 호소하여, 발명이 고립된 아마추어들의 일로 남아 있는다면 국가의 번영은 보장될 수 없을 것이라는 바를 그에게 이해시키기를 바랐습니다. 모든 것이 항상 개선되어야 할 필요는 없습니다. 반대로 발명들 사이에 어떤 관계를 설정하고, 발명가들 사이를 하나의 연결고리로 구성하는 것이 중요합니다. 간단히 말해서 베이컨은 서로서로에게 전달되어지는 사회적 기억이 **확립되도록** 주장하였습니다. 이런 설립을 통해 과학은 누적될 것입니다. 위대한 사상들이 더 이상 영웅적으로 따로따로 분리되어 있지 않을 것입니다. 완전히 새로운 이 개념은 왕족 사회의 창시적 문장 속에서 발견됩니다. 이 개념은 서양 역사에서 경제적 이유들을 위해 지적 유산의 보존과 강조에 우호적인 정치적 맥락의 단어로 떠올랐습니다.

사람들은 몽테뉴를 도덕적 차원에 위치시키는 반면, 베이컨에게서는 진보의 사고가 방향이 주어진 계속된 시간과 개선을 전제하는 것이며, 이러한 개선은 기술적 혹은 과학적 발명과 연결된 부분을 가지고 있다고 봅니다.

사실 베이컨은 advancement의 개념으로 진보의 필연적 연속을 확언하고 있습니다. 이렇게 희구된 연속은 신의 의지에 따라 자연의 질서 속에 포함되도록 가정되었습니다. 또한 그의 눈에는 이 진보가 결코 끝나서는 안 되는 것이었습니다. 이런 진보의 개념을 처음으로 표명했기에, 베이컨은 3세기 이상 동안 영어권의 국가들에서 철학에 관한 중요한 참고 기준으로 남아 있습니다. 얼마나 많은 책들이 영국에서와 같이 미국에서도 베이컨의 흉상이나 초상을 삽화로 싣고 있는지! 같은 순간에 영·불 해협의 다른 편 프랑스에서 역사에 대한 그리스도교적 변증론의 개념에 포함시키는, 진보에 대한 아주 다른 사고가 만들어지고 있었습니다. 이것은 블레즈 파스칼이 1651년

《공허의 개론》을 위해 쓴 유명한 서문과, 보쉬에가 1669년부터 1681년까지 루이 14세의 맏아들 도팽의 교사로 있으면서 그 제자를 위해 쓴 《세계사 서설》의 머리말에서 주장하고 있던 개념입니다. 이 각각의 저서들은 인류 세대의 연속을 유년 시절부터 성년기라는 동일한 개체의 세대의 연속으로 간주하도록 제안하고 있습니다. 인류는 진보할 하나의 유일한 개체로 간주될 수 있을 것입니다. progressio라는 단어의 도덕적 의미는 덕으로 향하는 길, 분명 이런 의미를 싣고 있는 것입니다.

진보 사상에 대한 현대 비평가들, 즉 미셸 앙리나 자크 엘륄 같은 이들은 과학적이고 기술적인 실용주의를 비판하기 위해 항상 데카르트를 참조합니다. 데카르트 철학이 그 정도로 모든 불행에 대해 책임이 있습니까?

오늘날 많은 사상가들이 데카르트를 비난합니다. 어떤 자연 환경보호주의자는 순전히 사변적인 스콜라 철학에 대항하여 '우리를 자연의 주인, 소유자로 만드는 것'을 허락하는 '실용적인 철학'이 이루어지기를 기원하는 《방법 서설》 제6장의 서두에 있는 격언을 잊지 않고 고발합니다. 풍부한 감정 척도로서, 그 사상가들은 고대인들에게서 무위도식하는 감각적 영혼의 생리학을 없애기 위해 같은 책 제5장에 나타난 '기계적 동물'에 관한 논문을 비난합니다. 그들은 그 논문을 '동물의 권위'를 침해하는 것으로 진지하게 표명하였습니다. 나는 브라질에서조차, 한 일본 여성이 1992년 6월 3일부터 14일까지 리우데자네이루에서 열렸던 환경과 진보에 관한 유엔의 강연 준비 모임 때에 서양을 비난하기 위해 그 문구를 재인용하는 것을 들었습니다. 사실 데카르트는 자연에 대한 새로운 개념, 즉 아리스토텔레스나 스콜라 철학과의 단절이 아닌 자연적 마술에 관한 거대하고 난해한 전통과의 단절을 포함하는 개념을 받아들이게 하려고 시도했던 것입니다. 바로 우리가 프랑스에서 영국 역사가 프랑스 야츠의 작품과, 이탈리아 철학자 파올로 로시의 작품을 읽게 된 때였을 것입니다. 불행하게도 데카르트는 갈릴레이가 확보할 줄 몰랐던 현대물리학의 형이상학적 기초를 설립하기 위해 이러한 전통에 대립해야 한다고 생각했습니다. 데카르트에게 있어서 모든 학문의 근원은 형이상학이라는 이유 때문에, 선생이 '과학만능주의의 표류'라고 일컫는 것보다 《제1철학에 관한 성찰》의 작가와 더 관계 없어 보이는 것 같습니다.

▮ 그렇지만 데카르트에 따르면, 진보의 최상의 미덕은 인간들이 자신의 과오를 깨닫도록 도우면서 그 고통을 덜어 주는 것이었습니다.

수학적 물리학에 적합한 형이상학——이 형이상학은 우선 메타 수학으로 소개되었습니다——을 발견했다고 생각한 데카르트는, '학문에서 그의 이성을 잘 관리'하기 위한 전세계적 범위의 한 방법을 발견했다고 확신하였습니다. 1644년 《철학의 원리》 서문에서 그는 그 뿌리가 형이상학으로, 줄기가 물리학으로, 그리고 가지는 모든 다른 학문으로 구성된 하나의 나무에 철학을 명백히 비교하고 있습니다. 그렇지만 사람들은 그것이 과일나무에 관련된다는 것을 충분히 깨닫지 못했습니다. 만일 그 나무를 재배해야 한다면, 그것은 그 나무가 제공하는 과일들을 위해서일 것입니다. 이 경우에 그것은 의학의 완성과 도덕의 완성이 될 것입니다. 그는 《방법 서설》에서 "일반적으로 사람들이 더 지혜롭게 되는 어떤 방법을 발견하는 것이 가능하다면, 내가 생각하기에 그것은 바로 의학에서 발견해야만 할 것"이라고 하였습니다. 그리고 그는 또 이렇게 덧붙였습니다. "사람들은 무수한 신체의 병만큼이나 정신적 병으로부터도 보호될 수 있을 것이며, 아마도 노쇠함으로부터도 보호될 것이며, 만일 사람들이 이런 것들의 원인과 자연이 우리에게 갖게 한 모든 구제책에 대한 충분한 지식이 있다면 그럴 수 있을 것이다." 철학과 의학 둘 다 인류의 불멸성에 대한 꿈과 관련이 있습니다. 인류는 끊임없이 그 자신의 욕망의 가장 강력하고 가장 근절할 수 없는 터무니없는 꿈을 실현케 하는 책임을 이 둘에 맡겼습니다. 데카르트 자신이 지혜를 변호하면서 내가 방금 인용한 문장, 즉 죽지 않는다는 말을 우회적인 방법으로 표현하였던 것입니다. 한편 베이컨은 과학적 의학으로 죽음을 정복할 수 있어야 한다는 자신의 신념을 표현한 간단한 논설을 작성하였습니다.

어쨌거나 데카르트에게는 인간에 의해 거의 전적으로 자연을 지배한다는 꿈이 있었습니다.

그렇다고 서양 사회가 설정해 놓았던 인간과 자연의 관계에 대해 가장 손상을 입히는 방식이 르네 데카르트로부터 비롯되었다고 그에게 책임을 전가시키는 것이 합당한 일입니까? 그렇게 하기 전에, 사람들의 눈에는 엄격한 의미로 신만이 자연의 '주인이고 소유자'라고 일컬어질 수 있다는 것을 알게 될 것입니다. 그래서 데카르트는 잊지 않고 신으로부터 떠나가기를 바라는 학자들을 경계하였습니다. 결국 다음과 같은 문장은 그의 책 속에 있을 가치가 있습니다. "만일 내가 일찍이 물리학에 관계되는 몇몇 일반 개념들을 습득했더라면, 이런 개념들이 어디까지 이끌어 갈 수 있는지를 깨달았다면, 그것이 우리에게 있어서 모든 사람들의 일반적 재산인 만큼 우리에게 지키도록 강요한 법을 거스르는 죄를 짓지 않고서는 그런 개념들을 감출 수 없을 것이라고 나는 믿었다." 이 문장의 뉘앙스는 사람들이 아주 기꺼이 고발하는 기술적 제국주의의 뉘앙스와는 아무런 관련이 없습니다. 대수기하학의 창시자인 데카르트는 자연의 비신격화를 수행했고, 그런 방법의 적용으로 자연현상들을 지배하는 것을 획득하게 되기를 꿈꿨습니다. 데카르트적 사고에 책임을 전가하는 것, 그것은 사상, 좀더 특별하게 철학적 사상의 전능성이라는 환상에 굴복하는 것입니다. 의심할 여지없이 데카르트의 작품으로 인해 일정한 진보 사상으로 대륙을 열어 놓은 사상 안에 하나의 중요한 사건이 발생하였습니다. 이 사상은 프랑스에서 특별한 형이상학적 뉘앙스와 독창적인 도덕적 굴곡을 받았습니다. advancement에 대한 베이컨주의적 개념 중 정치-경제적 의미가 거기서는 우세하지 않았습니다.

파스칼은 진보, "즉 항상 존재하면서 끊임없이 배우는 것은 같은 인간이다"라고 말하였습니다. 계몽주의자들도 달리 말하지는 않을 것입니다.

선생의 말이 맞습니다. 파스칼로부터 출발하여 이 사상은 계몽주의 철학자들 중 그리스도교에 가장 적대감을 보였던 콩도르세에게로 넘어갔습니다. 《인간 정신의 진보에 관한 역사적 개관》에서, 그는 이 세상의 권세자를 위해 폭군과 사제에 의해 퍼져 나간 미신에 대항하는 이성의 긴 투쟁사를 소개합니다. 즉 그는 인류의 흔들거리는 발걸음을 지식을 통해 자유로 향하도록 다시 그려 놓고 있습니다. 그는 자신의 친구 튀르고로부터 이 사상을 빌려 왔다고 단언합니다. 튀르고는 보쉬에의 유명한 《세계사 서설》을 고쳐 쓴 것으로 간주된 두 〈세계사 서설〉 중

한 계획안의 저자였습니다. 그렇지만 튀르고와 콩도르세는 진보 사상에 관한 초보적 존재 형식에서만 관련이 있습니다. 그단어 자체는 여전히 18세기의 철학자들에게도 거의 알려져 있지 않았습니다. 예를 들어 이 표제어와 관련하여 디드로와 달랑베르의 《백과전서》를 펼쳐 보면, 그것은 단지 우주론('지구의 궤도에서 태양의 진전') · 교육학('예술과 학문에서 진보하다'), 그리고 음악(음정이 아름답게 들리지 않는 '음의 잘못된 진행')에만 관련되는 문제였습니다. 그래서 이 모든 것이 기껏해야 10행 정도로 정리될 뿐입니다. 이 사상가들은 정신 · 이성 및 인류의 진보들에 대해 말하는 것입니다. 대문자로 쓰이는 진보 사상은 그것말고는 다른 주제가 없던 역사의 원칙으로서는 아직만들어지지 않았습니다. 이것은 유명한 조상을 찾는 19세기 과학철학자들의 주장과는 배치되는 것이었습니다.

진보에 대한 우리의 예견과 관련해서, 콩도르세가 단연 우리 역사에 가장 많은 흔적을 남긴 인물이지 않습니까?

물론이지요. 《개관》은 이성 자체에 대해 인식하면서 전역사를 이성의 역사로 소개하고 있습니다. 콩도르세에게 있어서 인간의 정신은 지역적이면서 동시에 연대기적 방법으로 진보하고 있습니다. 그는 아테네에서 첫걸음을 내디뎌 로마를 거쳐 런던과 파리에서 멈추었고, 이어 프랑스로 돌아오기 전 미국에서 일정 기간 머무르기 위해 대서양을 건넜습니다. 이처럼 역사는 시대의 연속처럼 보입니다. 최근 마지막 시대, 그것이 바로 미래입니다. 그래서 콩도르세는 미래사를 기술하는 것을 주저하지 않았습니다. 그러나 만일 그것이 예견하는 것이 아니라면 미래사에 대해 무엇을 쓴다는 말입니까?《대중 교육에 관한 다섯 가지 기록》의 작가는 국가간의, 이 국가의 시민들간의, 이성간의 불평등의 파괴를 예언합니다. 인류의 역사를 지배하는 인간 정신의 발전은 이처럼 인간의 본성에 대해 정의되지 않은 완전화의 가능성이라고 하는 어떤 사고 위에 기초한 움직이는 예언에 이르는 것입니다. 콩도르세는 이것으로부터 '사회수학'이라는 초안을 추론해 냈습니다. 처음으로 그는 확률적 계산을 적용함으로써 사회계약 이론들 중에서 구체적인 정치적 해석을 시도하였습니다. 그래서 그는 투표 행위를 개개인에게 있어 원래의 협정을 갱신하는 행위로 보았습니다. 그는 수학적 역설에 과감히 맞서는데, 이러한 수학적 역설에 따르면, 단순한 대다수에게 있어서 결정을 내린다는 것은 대중의 의지를 표명하는 객관성——루소주의적 객관성——에 반대되는 것으로 판명될 수 있습니다. 이것은 우리가 성공에서만큼이나 실수에서도 배울 것이 있다고 주장한 그의 기억을 모욕하는 일이 되는 것입니까? 이성주의로부터 수학주의로까지의 식별은 프랑스에서 학문 교육과 연구에 부담을 주었습니다. 사람들은 '기교적인 예술'의 발전이 그 이후로는 주로 '학자'들에 의해 구상된 지식에서 기인할 것이라고 생각하였습니다. 그러나 이러한 생각은 기술적 사고의 고유한 창의성과 방향을 잊어버린 것입니다. 이런 선입견이 신부나 폭군들에 의해 고의적으로 유지된 무지 때문이라고 말하는 이 사색가는, **종교적 인간**의 '믿음의 동기들'을 수학적으로 분석하려고 궁리함으로써 신앙의 현실적 영역에 대해 종종 공격적인 무지함을 드러냈습니다.

콩도르세와는 별도로 라플라스 같은 사람도 진보에 대해 '프랑스적' 사고를 만들어 내는 데 기여하지 않았습니까?
　피에르 시몽 라플라스의 유명한 저서는 《확률해석론》이라는 제목이 붙었는데, 이 책의 두번째 판 서문에는 그의 유명한 〈확률에 관한 철학적 시론〉(1812)이 포함되어 있습니다. 천문학자 라플라스는 그의 모델이었던 아이작 뉴턴의 저서를 바로잡고 교정한 일로 우쭐거릴 수도 있었을 것입니다. 《자연철학의 수학적 원리》의 제3장에 발표된 〈세계의 체계〉는, "천체의 모든 현상을 하나의 유일한 공식으로 귀결시킨다"라는 만유인력의 법칙이 그의 눈에는 무한한 가치가 있어 보였습니다. 그러나 여전히 '하늘에는 난해한 문제들'이 여러 개 존재하였습니다. 즉 사람들이 모든 천체들과 태양 체계의 안정성, 지구의 형태에 관한 정확한 움직임들을 언제까지나 파악할 줄 몰랐다는 점입니다. 라플라스는 수학의 새로운 분야인 확률적 계산이 관찰의 오류에 대한 엄격한 평가를 통해 그러한 난해함의 본질을 파악할 수 있게 한다는 것을 보여 줍니다. 그는 사건들에 의해 원인의 가능성을 결정함으로써 체계를 완성할 것을 제안합니다. "관찰된 하나의 사건이 부여할 수 있는 원인들 중 각각은, 그 원인이 존재한다고 가정된 상태에서 사건이 발생할 것이라는 것보다 더 가능한 만큼의 가능성과 함께 표시됩니다." 라플라스의 우주론은 전적으로 역학적 원인들로 지배되기를 바랍니다. 만일 이런 역학적 원인들 중 몇몇 가지가 우리에게 여전히 알려지지 않는다면, 그리고 그것들이 관찰된 규칙성으로부터 출발하여 확률적 계산에 의해서만 추리된다면, 사람들은 그것을 역학이 움직이게 하는 것들과는 다른 것으로 간주하지는 않을 것이라고 그는 설명합니다. 이처럼 천체의 모든 움직임이 그에게는 항상 더 큰 정확성과 함께 계산될 수 있고, 불변하는 원인들 탓으로 돌릴 수 있는 것처럼 보였습니다. 라플라스의 야심은 가장 불안정해 보이는 사람들에 대한 '이성적 예측'을 가능하게 하는 방법으로 인간적 현상들(결혼·출생·

사망······)에까지 확률적 계산을 확대하여 적용하는 데 있었습니다. 그는 이러한 정신적 지배 속에서 확실한 행복의 약속을 보았습니다. 오늘날 사람들은 이런 이론에 대해 도에 넘치는 감격적 열정을 갖지 않고는 이 텍스트들을 다시 읽을 수 없을 겁니다. 그러나 또한 결과를 알게 되고 나서 그들의 낙천주의적 순진함에 대해 어떻게 웃지 않을 수 있겠습니까?

■ 과학이 진보에 관한 명백한 모델을 제시한다고 하는 것은 콩도르세로부터라고 말할 수 있겠습니까?

콩도르세의 역할은 오귀스트 콩트가 그를 자신의 유일하며 진정한 선구자로 간주할 정도로 중요한 것 같습니다. 《개관》에서 최초로 실증주의의 개략적 정신에 관한 표현을 읽게 되는데, 그것은 《실증철학 강의》의 처음 부분 두 과(科)에 발표되었습니다.

■ 최초로 계몽주의자들의 비판적 철학과 단절하고 실증적 사회과학의 설득력 있는 윤곽을 구상한 참으로 진보주의자였던 사람, 그는 분명 오귀스트 콩트입니다. 실증주의의 아버지는 어떤 면에서 콩도르세와 구분됩니까? 선생님은 그들 둘 사이에서 어떤 근본적인 단절을 보게 됩니까?

오귀스트 콩트는 계몽주의 철학의 후계자들을 부정적이고 파괴적 형이상학자들이라고 끊임없이 고발합니다. 그들의 사상은 영향력을 발휘하였습니다. 그러나 그것은 지성적이고 도덕적 무질서 외에 다른 사회적 영향을 미칠 수는 없었습니다. 그러나 반복하여 말하지만 콩트는 한 사람의 선배가 있었음을 인정합니다. 바로 콩도르세입니다.

이렇게 자청한 계보는 그의 중요한 격언인 '질서와 진보'를 터득케 하였습니다. 지금은 진보가 '질서의 진보'로 정의되어 있습니다. 그러나 그의 눈에는 인간의 본성을 그 자체로 정의하고 정치적 새로운 질서, 즉 그가 보기에 유명한 프란츠 요제프 갈의 '골상학'이 구성하고 있는 인간 본성에 관한 실증적 학문이 밝혀낸 그 질서 자체를 확립할 수 있는 생물학적 질서에 관련된 것이었습니다. 이같은 최초의 대뇌 기능의 국재설(局在說)로부터 콩트는 언급한 인간 본성의 발달을 지배하는 기능(기동력·감성·지성)의 3등분이라는 사고를 끌어냅니다. 진행 과정으로부터 발달에 이르기까지 기록은 변합니다. 사람들은 우선 덮어 감추어진 것만을 진보시킵니다. 그래서 진보는 처음부터 주어진 구조의 전개 혹은 확대로 나타납니다. 그러나 그것은 보존이라는 하나의 내적 원칙에 복종합니다.

생물학적 비유는 발생론, 이어 태생학에서 유래한 허버트 스펜서에게 지체 없이 필요 불가결해질 '진화'라는 단어에 전례를 만들어 주었습니다. 우리는 그것을 이해하게 되었습니다. 그때부터 사람들은 더 이상 '인간 정신의 진보'라고 하는 것들에 대해서만 말하는 것이 아니라 대문자로 쓰이는 진보에 대해 말하게 된 것입니다. 그것을 과학·기술·사회·도덕의 진보라는 것으로 바꾸어 말하는 위험을 무릅쓰고 말입니다……

그리고 이런 역사적 움직임의 궁극적 목적, 콩도르세에 따르면 '자유'는 더 이상 같은 것이 아닙니다. 콩트와 더불어 그것은 사회과학——그가 사회학이라고 명명하는 학문——으로 인해 사회적 관계들에 대한 합리적 지배를 하게 되는 것입니다.

그의 후계자들 중 대다수는 그런 지배가 단지 '사회학자 계급'에 의해서만 보장될 수 있다는 생각을 가졌다는 이유로 콩트를 용서하지 않았습니다. 그래서 사회 질서를 유지하기 위해서는 배치된 사람들을 동원해야 합니다. 여기에서 비롯되어

'실증적 정치'라는 이름으로 그의 《강의》46과에서 이미 밝혀 놓은 새로운 종교, 인류의 종교, 최초의 종교라는 그의 계획이 모습을 드러냈습니다. 제3공화국의 프랑스적 과학만능주의에 속한 사람이었던 에밀 리트레는 콩트와 공식적으로 단절함으 로써 행동으로 앞장섰는데, 이 종교에 관해 더는 알기를 원치 않았습니다.

■ 19세기에는 사회적 진보라는 사상과 과학적 진보라는 사상 사이에 어떻게 결합이 이루어집니까? 이어서 사회주의로 발 전하게 될 진보당은 어떻게 나타납니까?

그 결합은 콩도르세와 더불어 태동하기 시작하여 콩트에게 서 실현됩니다. 그러나 그 결합은 그 사이 생 시몽의 작품 속 에서 다른 실현을 보게 되는데, 그것이 바로 콩트와 구분되는 점입니다. 진보당은 생 시몽과 오귀스트 콩트의 후계자들 중 몇 몇이 연합하게 되는 것을 보게 될 것입니다.

사회주의자들은 콩트주의적 실증주의보다는 생시몽주의적 산 업주의에 더 가까이 있음을 인정할 겁니다. 그러나 자유주의자 들 역시 진보에 대해 표명하였음을 잊어서는 안 될 것입니다.

■ 1857년, 허버트 스펜서는 《웨스트민스터 리뷰》지에 〈진보, 그것의 법, 그것의 원인〉이라는 제목의 기사를 발표합니다. 그로 인해 철도에 대한 윤리가 다소 요구되었습니다.

앵글로색슨계는 진보철학에 관한 프랑스적 해석에 한번도 동 의한 적이 없습니다. 그들은 자신들의 고유한 해석을 만들었는 데, 베이컨의 교훈에 스펜서의 것을 혼합함으로써 그렇게 하였 습니다. 사실 스펜서는 철도 기술자로서, 그가 살던 시대에 끼 친 막대한 여파와, 그것이 오늘날 우리의 사고 방식에 계속해서 미치고 있는 영향력에 비해 현재는 너무도 알려져 있지 않은 거대한 철학 저서의 저자이기도 합니다. 스펜서는 진화와 질서의 진보 사상을 계속되는 구별과 동화(同化)로 발전시킵니다. 1882년, 철강 대기업의 창시자이며 미국의 자선가인 앤드루 카네기가 스펜서를 뉴욕에 초대하여 그에게 경의를 표하며 연회를 개최하였습니다. 동부 연안의 자본가들은 그에게 박수 갈채를 보냈습니다. 그러나 그는 모든 무질서를 근본적으로 일시적인 것, 상위의 질서를 만들어 내도록 마련되어진 것으로 소개하고 있지 않습니까? 사람들은 그의 저서에 대해 '무질서한 자본주의의 변신론(辯神論)'이라고 말하였습니다.

대략 스펜서와 같은 시대에 프랑스에는 《학문의 미래》(1848)라는 저서와 더불어 에르네스트 르낭이 있었습니다. 그의 영향은 결정적인 것이었습니다⋯⋯.

1849년으로 날짜가 적힌 편지에서 젊은 에르네스트 르낭은 그 당시 《학문의 미래》를 썼는데, 작품의 정신을 다음과 같은 말로 소개하였습니다. "처음부터 나는 내가 인문과학에 고착하는 의미를 말하기를 원한다. 즉 어떻게 내 눈에는 인문과학이 철학과 불가분한지를, 인문과학이 함축하고 있는 철학에 의해서만 인문과학이 어떻게 가치가 있는지를, 어떻게 인문과학이 종교와 같은 자격에서 성스러운 하나의 종교인지를 말하고자 하는데, 그 이유는 단지 인문과학만이 인간에게서 사물이나 기타 다른 것들의 커다란 문제를 해결해 줄 수 있기 때문이다. 《방법 서설》과 《노범 오르가넘》은 나의 인문과학적 신앙의 고백이 될 것이다." 작품의 본문에서 르낭은 "인문과학이 인류의 미래를 내포하고 있다"라고 말하는데, 그 이유는 현대 학문의 마지막 단어는 "인류를 학문적으로 조직한다"라는 말로 구성될 것이라고 단언할 수 있기 때문입니다. 이런 기초 위에, 저자는 전에 있던 종교들을 역사적이고 비평적으로 분석할 것을 제안합니다. 그는 그리스도교의 근원에 특별한 주의를 기울입니다. 이러한 연구는 그로 하여금 언제나 오귀스트 콩트의 실증주의로부터 더욱더 멀어지게 하였습니다. 그는 '인류의 종교'라는 사고를 거부합니다. 왜냐하면 바로 학문 자체가 새로운 종교를 형성하기 때문입니다. 그는 역사에 대해 콩트적 개념으로 지나치게 단순화하는 것을 고발하는데, 그런 개념으로는 '인간 사회 행보에 끊임없이 굴곡이 있는 선들, 그것들의 갈래, 그것들의 표면상의 변화'를 파악할 수 없기 때문입니다. 《학문의 미래》에서는 발전에 대한 단순한 시각을 발견할 수 없다고 말하고 있는 것이나 다름없습니다. 역사는 인류의 삶에서의 중세기처럼 어둠의 시기들이 있을 뿐 아니라 불완전한 발전, 도달하지 못한 과도기들 또한 있음을 증명합니다. 사람들은 또한 르낭이 발전에 드는 비용, 인간들이 지불하는 잔혹성과 격동을 강조하는 것을 결코 빠뜨리지 않았다는 것을 알고 있습니다. 이런 제안에서 비롯하여 모라스나 바레스와 마찬가지로 좌익 공화파들도 그런 입장을 취할 수 있었던 것입니다.

우리가 상기시킨 모든 사상가들과 철학자들 중 생 시몽은 확실히 세계에 대한 우리의 시각과 진보에 대한 현대적 개념에 가장 많은 영향을 주었던 사람임에 틀림없습니다. 프랑수아 다고녜는 생 시몽에게 바친 최근의 저서에서 "생 시몽의 가장 커다란 문제점이 분명히 표현되었다. 세상은 정치적·도덕적·사회적 위기를 건너고 있다. 그런데 아직도 그 끝에 도달하지 못했다……. 더욱이 바로 이 점이 생 시몽의 저서에서 어리둥절한 느낌을 갖게 하는 부분이다. 그것은 현사회를 기다리고 있는 것에 대한 다소 역사적이면서 예견적이며 예언자적인 것이다"라고 쓰고 있습니다. 이 견해에 동감하십니까?

전적으로 동감합니다. 오늘날 우리의 정신에 은밀하게 스며든 생 시몽의 논문들에 우리가 걸려들고 있는 것은 아닌가 하고 생각해 봅니다. 생 시몽은 1802년부터 1825년, 그가 숨진 해까지 유럽의 정신사를 위해 결정적인 기간 동안 글을 썼습니다. 그는 자신이 콩도르세의 직계승자이기를 바랍니다. 왜냐하면 그는 《개관》을 인간과 사회에 대한 진정한 최초의 위대한 역사적 시도로 간주하였는데, 연속적인 시대에 따른 재편성과 진보의 원리에 따른다면 그렇습니다. 그러나 그의 눈에는 역사가 정신의 진보에 의해 지배되지 않습니다. 매시기는 사회 조직의 특별한 형태에 해당합니다. 스스로 정돈된 산업 사회는 경제적 활동이 다른 모든 것을 지배하는 사회에 해당됩니다. 생 시몽은 진정한 혁명에 대한 예감을 갖고 있었습니다. 그래서 처음으로 정치가 신학의 도식에서 벗어난 실증적 과학이 된 것이었습니다. 그 이유는 정치가 봉건 사회나 군인 사회에서처럼 명령을 전적인 목표로 삼는 것이 아니라 '유용한 것들'의 생산을 목표로 하기 때문입니다. 생산자들에게 있어서는 모두(놀고 먹는 사람들을 제외하고)에게 이익이 되도록 자연에 대해 작용할 수 있기 위해 연합하는 것이 관련됩니다. 그렇지만 콩도르세의 후계자 생 시몽은 《개관》에서와는 아주 다른 사고 방식을 창시합니다. 그래서 대체로 오귀스트 콩트가 그에 반대하여 콩도르세에 대해 자신을 표명하는 일에 애착을 가졌던 것입니다.

생 시몽은 우리에게 어떤 유산을 물려 주었습니까?

이 질문에 대답하는 데는 두 가지 방법이 있습니다. 첫번째 방법은 그의 작품의 계보를 따르는 것이 될 것입니다. 사람들은 콩트와 마찬가지로 마르크스·엥겔스·프루동 혹은 뒤르켐을 상기하거나, 1964년에 "우리 모두는 어느 정도 생시몽주의적 사람들이 되었다"라고 쓴 경제학자 프랑수아 페루를 떠올리게 될 것입니다. 나는 두번째 방법을 차용하기 위해 선생께는 이 첫번째 경로를 면제해 드리겠습니다. 우리 세계를 갈고 닦는 데 기여한 그의 논문에 사용된 방법을 들추어 내는 것입니다. 산업 사회 이론에서는 전제 조건이 권위에 대한 비판으로 구성돼 있습니다. 즉 전에 있던 사회에서 우세했던 것은 명령의 관계들이었던 것입니다. 그 배경에서 떨어져 나온 이런 비판은, 마르크스와 마르크스주의자들에 의해 사회주의에 대한 그들의 정의 자체에서 '인간의 정부에서 사물의 통치로 바뀜'으로 다시 취해졌습니다. 이 논문의 내용은 〈국가의 쇠퇴〉라는 유명한 논문에서 계속되어집니다. 사람들은 '실제 사회주의' 국가들에서 무슨 일이 일어났는지를 알고 있습니다. 물건처럼 다루어진 사람들은 실제로 정치의 쇠퇴를 더 잘 조장하기 위해 국가를 강화했던 관료 정치에 의해 통치됐던 것입니다. 이같은 방식은 프루동에 의해 아주 다른 의미로 영향을 미치게 되었는데, 그 이유는 그가 이런 방식을 무정부주의의 최초의 형식, 모든 정부적 권위의 파멸론으로 해석했기 때문이라는 것을 사람들은 알게 될 것입니다! 그런데 이 논문은 생 시몽의 사고에 생산자들 자신에 의한 사회의 합리적 조직의 도래에 관한 사고가 합체되었습니다. 저서들에 따르면 그는 '능력,' 즉 전문가들의 역할에 대해 강조하거나 혹은 모든 생산자들 사이에 성립하는 사회적 관계의 '유기적' 특성에 대해 강조합니다. 이런 사실로 인해 페레르 형제들처럼 통제경제의 추진자인 자본주의자들이 그에 관하여 주장할 수 있었던 것인데, 모든 계획 수립자들에 따르면 그 중 프랑스는 인색한 나라는 아니었습니다. 생 시몽이 계획의 중앙화에 그만큼 강조를 두었고, 《계획자》에서 실행해야 할 '큰 일들,' 즉 황무지 개간·도로 관통·수로 개통·문화 센터 개설과 같은 일들의 목록표를 작성하였던 것입니다. 게다가 계획과 연합에 관한 주제들이 마르크스의 호의를 얻을 수 있었던 것, 그것은 바로 《독일 이데올로기》에서 보게 되는 것인데, 생 시몽의 용어들 자체에서 공산주의 사회를 '자유롭게 연합된 개인들에 의해 성립된 전체 계획'에 의해 합리적으로 조직된 것으로 정의하고 있습니다. 그러나 아마도 결정적으로 우리가 질문해 보아야만 할 생시몽주의의 가장 무거운 유산은 사회 생활에 관한 그의 전반적인 개념에 있습니다. 사회적 삶의 끝은 유용한 일을 위해 연합하는 것이고, 노동 공동체를 구성하는 것이라고 간주할 수 있습니까? 결과적으로 제도를 이런 목적에 비추어 보아, 그런 노동 공동체 내에서 그들이 수행해 내야 할 기능에 복종하게 된 단순한 기관들로 간주해야만 하는 것입니까?

진보 사상은 또한 우리로 하여금 모든 문학적이고 철학적인 전통을 참조하도록 합니다. 플로베르는 《공인된 사상 사전》에서 발전을 '늘 잘못 이해되고 너무 성급한' 것으로 정의내리고 있습니다. 좀더 강한 방법으로 니체는 "인류는 더 나아가지 못한다. 인류는 존재하는 것도 아니다"라고 말합니다. 그리고 보들레르나 랭보 같은 시인들은 대체적으로 현대성에 대항하여 가세합니다. 반진보주의자들이 발전하고 있는 것입니다.

한편에서는 몇몇 사상가들이 힘든 노동자들의 현실에서 발전에 관한 연설을 냉소하듯 대조하는 반면, 다른 한편에서는 몇몇 사람들이 사회 질서의 형이상학적 개념이라는 이름으로 원칙적인 반진보주의로 이 연설을 거부합니다. 플로베르는 《공인된 사상 사전》에서 조롱거리를 다루고 있습니다. 사람들은 보들레르를 현대 사상가로 종종 잘못 알고 있는데, 그는 진보 사상을 '현대적 자만이라는 썩은 땅 위에 번성한 괴상한 사고'로 고발하고 있습니다. 그는 증기·전기·가스 조명에 대해 야유를 퍼붓고 있습니다. 사전에 반대하여 장광설로 비난하는 글을 쓰고 있으며, 산업에 의한 예술의 침범에 대해 불평하고 있습니다. 사람들이 정신에 비해 물질의 승리에 참여하고 있다고 확증하면서 그는 이론을 내세우고 있습니다. 또한 사람들은 랭보를 진보주의 진영으로 합류시키기를 원했습니다. '단호하게 현대적'이 되어야 한다고 그는 쓰지 않았습니까? 그러나 그것은 절망감에서 나온 날카롭고 단순한 냉소였습니다. 그의 시집 《교감》을 읽어보십시오. 그는 결코 현대 세계에 참여하고 있지 않습니다. 그는 에티오피아에서 사업으로 전환한 것이 절대 아니었습니다. 그는 이 열대 해안에 있는 무기 밀매자인 '불한당'의 그럴싸한 부류 속에서 그럭저럭 생존하기를 시도하고 있었습니다. 그래서 그는 명확하게 머리에 하나의 사상만을 갖게 되는데, 그것은 그 자신의 눈으로 어떤 존엄성을 재발견한다는 사상이었습니다. 우리들이 그토록 찬미하는 시가 그에게 있어서는 젊은 시절의 잘못이었으므로 그는 그것에 대해 속죄하기를 바랐습니다. 가족과 사회적 순응주의 앞에서 겸손하게 행동하기 위해, 비록 이 남자가 그 정도로까지 자신의 과거의 위대함을 모르고 있다는 사실을 알게 되는 것이 비통한 일이 된다 할지라도 눈감아 버리지는 맙시다.

■ 그러면 니체는 어떻습니까?

　의심할 여지없이 사람들은 그를 탁월하게 반진보주의적 사상가로 여길 수 있습니다. 예를 들어 여기 《반그리스도》라는 글의 제3문단에 이런 대목이 있습니다. "인류는 오늘날 사람들이 생각하고 있는 것처럼 더 나은 것을 향하여, 더 강하고 더 높은 어떤 것을 향하여 진보를 표현하고 있지는 않다. 진보는 단지 현대적 사고인데, 즉 잘못된 사고인 것이다. 가치적인 면에서, 오늘날의 유럽인은 르네상스 시대의 유럽인보다 훨씬 하위에 위치한다. 진보한다는 것이 필연적으로 향상한다, 높아진다, 강해진다는 것을 의미하는 것은 아니다. 반대로 가장 상이한 문명의 한가운데에, 대지의 다른 지점 위에서 고립된 사건이 끊임없이 성공하는 일이 존재하기도 한다. 이 사건들은 어떤 탁월한 형태를 상상하게 해주는데, 이것은 전인류에 비하여 초인간적 인종을 구성하는 어떤 것이다." 초인간 철학은 투쟁하고 파괴하는 현대적 사상으로서의 진보철학에 고의적으로 직접 대립되어 소개되고 있습니다.

■ 언제부터 반진보주의자들이 진보의 피해를 공격하게 되며, 산업 세계에 반대하여 거역하게 됩니까?
　'진보의 피해'라는 표현은 아주 최근에 생긴 것입니다. 이것은 1977년 CFDT(프랑스민주노동연합)에 의해 출판된, 세상을 떠들썩하게 했던 작품의 제목으로 사용되었습니다. 이 책을 쓴 3명의 전문가들(장 필리프 페브레·장 루이 미시카·도미니크 월통)은 '작업 환경에 대한 기술적 진보의 결과들'에 관해 자문하였습니다. 그들에 따르면 '새로운 기술 세대'의 도래는 산업 발전에서 비롯된 부정적 결과에 대한 반성의 용어들을 새롭게 변화시켰습니다. 사실 이런 논제도 이미 구식입니다. 우리가 앞서 살펴보았던 르낭은 1848년의 사건들 직후에 그것을 암시하였습니다. 빅토르 위고의 문장을 선생도 아실 겁니다. "진보는 끊임없이 2개의 톱니바퀴로 굴러가서 사람을 짓밟음으로써 사물을 움직이게 한다." 그러나 역설적이게도 가장 신랄한 공격이 시작된 곳은 탁월하게 발전된 나라인 미국에서부터입니다. 시카고학파는 급성장하는 도시화와 1886·1894년 그리고 1913년의 대규모 토네이도——트위스터(twisters)——로 초원이 점차적으로 훼손되고, 그 중 1932년의 유명한 토네이도——더스트 볼(Dust Bowl)——가 심한 타격을 가한 피해를 분석함으로써 주도적이 되었습니다. '자연적'이라고 불리는 이 재난에 대해 헨리 C. 카울스와 그의 제자들은 미국 농부들이 과도한 기계화에 대한 욕심과, 단지 몇십 년 만에 그들이 제거해 버린 '붉은 피부' 사람들에 대한 자연환경 보호적 기량을 무시했기 때문에 바로 그 농부들에게 책임이 있다는 입장을 나타냈습니다. 시카고학파는 '힘 있는 자연환경 보호 운동'의 창시자로 지칭되었지만, 과학적 자연환경 보호 영역 밖에 놓여 있던 현실을 염두에 두었어야만 했을 것입니다. 이 학파는 인류지리학 혹은 인간적 지리학이라고 불리는 창시자들의 염려에 직면하게 됩니다.

> 프랑스에서는 지라르댕이나 다른 이들과 함께 환경주의와는 상관 없는 조경철학이 나왔습니다.

아마도 그 단어의 역사는 환경에 관한 프랑스적 사고의 특성을 이해하는 데 가장 좋은 방법일지 모릅니다. 프랑스어에서 그 단어는 1921년에야 비로소 등장하게 됩니다. '프랑스의 지리학파'라고 불렸던 것의 창시자에 의해 초점이 맞춰졌던 기술 용어라는 방법을 통해, 교육역사가이고 《인문지리학 원론》(1922)의 작가인 비달 드 라 블라슈는 자연주의자이며 신문기자인 독일의 프리드리히 라첼의 《인문지리학》이라는 작품으로부터 명백하게 영감을 얻게 됩니다. 물리적 지리학의 엄격한 결정론에 반대되는 '장소와 환경'의 과학이라는 배경에서, 환경은 인간을 둘러싸고 있는 것에 대한 인간 행위의 결과로 정의되었습니다. "한 나라의 지리적 존재란 미리 자연에 의해 주어진 것이 결코 아니다. 그것은 물질들 자체로는 결코 갖지 못하는 일관성을 참조하는 인간 행위의 산물이다." 솔직히 그 단어가 프랑스에서는 첫 표제어가 되지는 못했습니다. 우리는 가장 훌륭한 사전들에서조차 너무도 빠르게 그 용어들이 폐지되는 것을 보았는데, 이것은 인간적 프랑스 지리학의 장래와도 관계가 있었습니다. 그 단어가 두번째 표제어로 등장하게 된 것은 조각가 · 건축가 · 도시공학자, 이어서 환경보호주의자들과 비교행동학자들에 의해 1960년대말로 거슬러 올라갑니다. 그것이 그때에 다시 지리학으로 전달되어집니다. 그러나 그것이 그와 같이 우리에게 다시 돌아오게 되었을 때 환경이란 단어는 처음에 등장했던 표제어의 의미보다 훨씬 더 넓은 의미의 내용이 담겨지게 됩니다. 그때부터 사람들은 그 단어를 '살아 있는 조직체와 인간 활동에 대해 작용하도록 허용하는 자연적이고 문화적인 조건의 총체'로 정의하고 있습니다.

니체 이후로, 그리고 보들레르 이후로 19세기와 20세기초에 나타날 진보에 관한 중대한 논쟁은 어떤 것입니까? 언제부터 선생님은 진보의 동참자들과 비방자들 사이가 벌어지는 분열을 보게 됩니까? 언제부터 진보 사상의 쇠퇴가 등장하기 시작합니까?

조르주 캉길렘이 《형이상학과 도덕 잡지》(1987년 10-12월호)라는 제목으로 간행된 잡지의 기사에서 암시한 처음 상황을 살펴볼 수 있습니다. 1850년대에 열역학의 탄생과 함께, 사람들은 처음으로 지구에서 사용할 수 있는 에너지의 양이 고갈되었다는 느낌을 갖게 되었습니다. 지구의 미래에 관하여 캉길렘이 '슬픈 예언'이라고 부르는 일이 그때 시작된 것입니다. 플로베르로 돌아옵시다. 우울한 페퀴셰는 '열의 중지'로써 세상의 종말을 알렸던 반면, 쾌활한 부바르는 "그래요! 땅이 닳아버렸을 때 인류는 별들에게로 갈 겁니다"라고 대꾸하였습니다. 나는 최근에도 여전히 몇몇 천체물리학자들이 과중한 예산 신청을 정당화하기 위해 이런 종류의 다소 경박한 표현을 지지하는 것을 들었던 것 같습니다. 그러나 이런 쇠퇴는 전혀 진보적이지 않았습니다. 30년대 주장의 공허함 이후로, 진보철학은 제2차 세계대전에 뒤이은 기간 동안 엄청난 인기를 다시 얻게 됩니다. 그 당시 틀림없이 반대가 제기되었지만 어려움이 많았습니다. 특히 1968년 이후로 발전의 개념이 사상가들과 사회행동가들에 의해 타격을 받았습니다. 환경론적 항의 ─── 미국적이고 독일적 전통에서 기인한 ─── 가 그 당시 거의 전세계적 지지를 획득하게 됩니다. 그것은 분명 반자본주의적 양상을 나타낸 것입니다. 그것은 자연을 다시금 신성시하게 된 경향입니다.

보드리야르가 말할지도 모르는 것처럼 이 속임수 놀이는 신성한 좌파의 사망 행위를 의미하는 것이 아닙니까?

만일 내가 '신성한'이라는 표현을 '프랑스의'라고 해석한다면, 프랑스에 있는 산업주의적 전통의 후계자들인 좌익 정당들은 환경주의자들의 주장이 발전함에 따라 반대쪽 입장에 있게 된 것이 확실합니다. 사람들은 여유 있게 정치적 환경 보호주의의 비난 앞에서 좌파 정부가 난처한 입장에 놓인 것을 보게 됩니다. 여러 당의 경제 전문가들은 큰 규모의 학파로 구성되어 이런 형태의 '민감성'을 배양하지는 못했던 것 같습니다.

■ 그건 경제적 혐오입니다!

선생이 인간의 존재함에 있어서, 측량과 수학적으로 증명된 확실성의 대상이 될 수 없는 모든 것의 부정을 '혐오'라고 부른다면 그렇습니다. 우리는 좀더 후에 진보 사상이 너무 오랫동안 오로지 〔경제적〕 성장이라는 사고와 단순히 동일시되었다는 사실을 발견하게 됩니다. 언급한 성장이라는 단어의 정의가 의논의 여지가 있음을 제외하더라도, 우리의 사회 생활이 또한 성장 자체로 인해 많은 고통을 받았다는 것을 우리 스스로 잘 알고 있습니다. 도시화·건축·교통 방식·식습관·교육·여가를 보십시오. 도시의 입구에 '문턱' 놓기를 활성화해야 한다고 할 때, 누가 오늘날 성장은 진보의 보증이라고 단호하게 말할 수 있겠습니까? 각각의 생활 모습은 그것들 각각의 기준에 따라 그 자체로 평가되어야만 합니다. 그리고 이런 기준에 따라 사람들은 진보가 있는지 없는지를 말하게 될 것입니다. 왜곡하게 됨으로써 진보철학이 표현하고 있는 까다로움이 남아 있습니다. 그래서 우리는 인간 조건에 대해 가능한 한 널리 공유된 사고에 따라 이런 다양한 판단 사이에서 현실적 일관성을 설정하였던 것입니다.

■ 진보가 필연적으로 좌파의 사고라고 말하려 하시는 것입니까? 그렇게 추리하는 것은 다소 단순화시키는 것이 아닐까요? 영광의 30년대의 기술자들은 대부분 드골파 사람들이었던

것으로 저는 알고 있는데요…….

　예를 들어 선생이 미국 사람이었다면 내게 이런 질문을 하지 않았을 겁니다. 프랑스에서는 제3공화국하에서 가톨릭 교회에 의해 취해진 반진화론적 태도로 인해 색깔이 선명치 않았습니다. 그래서 프랑스 혁명의 충격하에서 가톨릭 교회가 너무도 오랫동안 공화당에 연합돼 있었기 때문에 혼동이 생겨날 수 있었던 것입니다. 전쟁 직후, 드골파 사람들은 국가 독립이라는 완강한 염려에서 벗어나면서 점령군들에 대한 저항 유산만을 남겨 놓았던 것은 아닙니다. 진보주의와 현대주의로써 그들은 비시의 전통적 사상이었던 것으로부터 구별됐습니다. 그래서 계획의 '열렬한 의무'는 그들을 우파 정당들과 구분시켜 주었던 것입니다.

　■ 사회주의적 진보주의 사상과 공산주의적 진보주의 사상간에 근본적인 구분이 프랑스에 있다고 생각하십니까?

　투사를 양성하기 위해서 공산당이 사용했던 교재가 마르크스나 엥겔스의 《공산당 선언》을 참조했던 것은 전혀 아니었습니다. 역사에 관한 마르크스주의적 개념에 입문하기 위하여 그들은 마르크스의 가장 결정론적이고 경제론적 교재인 《정치경제학 비판》을 위해 그가 썼던 서문을 되풀이하였습니다. 사람들은 거기서 역사는 생산자들의 힘과 생산 관계라는 변증법적 작용에 의해 지배된다는 것을 읽게 됩니다. 그 모든 움직임이 생산 기술의 진보에 의해 마지막 순간에 지배된다는 것입니다. 마르크스주의라는 이름하에, 이 교재들은 이처럼 전체 노동자 운동이 너무 매여 있던 진보 이론의 간략한 진화론적 해석을 가르치고 있던 것입니다. 결론적으로, 서로서로를 구분시켜 주었던 것은 바로 옛 소비에트 연방공화국과 동유럽 국가들의 태도였던 것입니다.

아주 젊은 시절부터 베르그송과는 구분된다 할지라도, 사람들은 이 진화론을 조레스에게서 또한 발견하게 되지요?

그렇습니다. 같은 것이지요. 조레스는 《대중 교육에 관한 논문》에서 콩도르세에 의해 개방된 전통 안에 자신의 생각을 분명히 위치시키고 있습니다. 그는 '평화적이고 밝은, 평등주의적 민주주의에 대한 큰 소망'을 실현시킨다는 의미에서 '콩도르세의 위대한 사상이 미래를 열어 놓았다'라고 묵묵히 쓰고 있습니다. 미래는 '언제나 민주주의와 과학의 좀더 심층적 침투'로 특징지어질 것입니다. 이처럼 미래 역사의 개념을 '혁명적 진화'의 개념으로 나타낼 수 있으며, 다음과 같은 형태의 양식이 도래할 수 있을 것입니다. "인간의 역사에는 반복도 단절도 없습니다. 인류는 위대한 예술가처럼 늘 진보 상태에 있지요. 인류는 그 초기의 순박한 시초에 매여 있지 않습니다. 그렇다고 그 시초를 잊어버리는 것은 아니지만, 성장하는 힘을 갖고 긴 간격을 두면서 그것을 다시 손질합니다." 이런 입장은 각 형태의 압제와 적당한 거리를 두면서 인류가 혁신적 유산을 요구할 수 있게 하였습니다. 프랑스에서 진화론은 실제로 자연적 선택이라는 다윈주의적 이론에 결코 연관되어 있지 않았습니다. 그것은 스펜서——그는 20여 년간 대단히 인기가 있었으며, 그의 철학은 1880년대에 전세계적으로 참고가 될 정도였습니다——의 이론이 수입된 것과 관련되었거나, 프랑스의 라마르크의 진화설에 연관된 진화 사상에 관련된 것이었습니다. 식물 정원에 있는 라마르크의 동상을 보십시오. 공화당파의 영웅, 젊은 영주 퀴비에에 의해 정복당한 불행한 그는 늙은 맹인 자연주의자로 표현되고 있으며, 곁에서 그의 딸은 후손이 그것을 복수하리라고 그에게 알리고 있습니다. 라마르크는 환경에 조직의 적응 개념 주변의 진화라고 하는 그의 사상을 구성하였습니다. 그의 진화론은 유기체의 발전 이론으로 잘 소개되었습니다. 그리고 진보주의가 프랑스에서는 아주 흔하게 라마르크주의적 진화론의 모습을 취하고 있습니다.

■ 이런 사회적 진보에 대한 집착에서 비롯하여 오늘날에는 무엇이 남아 있습니까?

'사회적 진보'라는 사고에는 30년대 이후로 미셸 아글리에타나 로베르 카스텔과 같은 몇몇 경제학자들이나 사회학자들이 부르는 '봉급 사회'의 출현과 확장에 관련되어 있습니다. 오랫동안 이런 사회는 재산과 부의 축적, 권리와 보장의 증가, 안전과 보호의 확대 같은 저항할 수 없는 움직임에 점령됐던 것처럼 보였습니다. 70년대말까지 이런 움직임은 호화로움을 향한 발전의 추진력으로 여겨지고 생각되었습니다. 점점 늘어나는 봉급자들 ——1975년에는 82퍼센트—— 중 각자는 미래에 대해 내기를 걸었으며, 그래서 그들의 자녀들은 그들 자신이 성공적으로 만족시키지 못한 염원들을 실현시킬 수 있을 거라고 희망했습니다. 봉급자들 대부분은 그들의 미래를 조절할 수 있다는 확신을 갖고 있었으며, 이런 사고에서 그들은 지속적으로 재산에 투자하게 되고, 건축이나 기타 사업에 참여하게 됐습니다. '위기'와 함께 카스텔이 '궤도의 단절'이라고 부르는 일이 발생하였습니다. 모든 봉급자들 ——공무원이나 이에 준하는 사람들을 제외하고—— 은 추방이라고 불리는 현상으로 위협받는 느낌을 점점 더 높이 쌓아 가고 있었습니다. 직업 가입 계약('젊은이들의 최저임금')에 반대하는 프랑스 고등학생들과 젊은 학생들의 반항이, 사회 자체에 대한 표현과 '사회적 진보'에 대한 믿음에 표현된 미래에 대한 프랑스 사회의 집착을 보여 주는 것이었습니다. 사람들은 이런 집착이 아주 다른 두 가지 의미, 즉 격화된 개인주의의 원동력인 '늘 더 많이'라고 하는 날카로운 아쉬움이나, 혹은 반대로 폭력과 함께 예고되는 사회적 붕괴에 반대되는 구체적인 단결 유지의 요구로 작용할 수 있다고 말할 수 있습니다.

■ 초기 사회주의자들의 사고 속에는 진보가 물질적 진보만큼이나 기술적 혹은 도덕적 진보를 내포하고 있었습니다.

모든 것이 상호간에 관계가 있습니다. 그러나 그들의 사고 속에서 결정적인 요소는 바로 합리적 체계에 따라 산업에 자리잡은 노동 조직입니다. 테일러에 의해 격찬된 '노동의 과학적 조직'에 대한 레닌의 놀라울 정도의 열정을 상기해 보십시오!

■ 그러면 발전에 대한 마르크스주의자들의 주요 개념이 선생님께서 보시기에 어떤 것이었습니까?

연방제국 건립에 기여했던 모든 마르크스주의 사상가들은 같은 개념을 공유하고 있었습니다. 대규모 산업 숭배, 합리적인 노동 조직 격찬, 생산력으로 인한 발전에 대한 충동 아래 새로운 인간이 출현할 거라는 사고…… 이런 관점에서 볼 때, 그들이 인식하지 못했었다 하더라도 그들은 생시몽주의적 사람들이었다고 말할 수 있을 겁니다. 내가 빗대어 말했던 생 시몽의 소책자 《계획자》에서 당신은 다음과 같은 글을 읽게 될 겁니다. "새로운 산업 사회에서 정치 문화는 객설을 잠잠하게 하는 특별한 학자 계급에게 전적으로 맡겨질 것이다." 이 문장은 동구권 국가들에서 실제로 이루어진 일들을 아주 잘 말해 주고 있는 것이 아닙니까? 옛 소련에서 일어난 일에 대해 비판하기를 바랐던 마르크스주의자들은 이 질문을 아주 신랄한 비판 대상으로 삼았습니다.

프랑크푸르트학파를 암시하시는 것입니까?

그렇습니다. 특히 허버트 마르쿠제와 1964년에 출간된 그의 유명한 저서 《1차원적 인간》을 암시합니다. 그는 생 시몽이 진보를 신격화한 것에 대해 비난합니다. 그의 실증주의가 시민들의 자유를 희생시켜서 의기양양한 기술 제도, 사상 체계를 지지한다고 고발하고 있습니다. 진보 사상이 마르쿠제에게나 모든 프랑크푸르트학파에게는 기술에 의한 인간성 상실 사상으로 비춰졌습니다. 그는 생 시몽이 중요한 사상가라고 말함으로써 경의를 표하지만, 이것은 그의 논문들을 더 신랄하게 비판하기 위해서입니다. 그의 중요함이란 결국 마르쿠제가 들추어낸 막대한 양의 실수들과 관련이 있습니다. 마르쿠제가 보기에, 생 시몽의 실증주의를 통해 표현되기 시작했던 강연과 행동의 세계는 기술적 현실 세계, 오늘날 인간성 상실의 커다란 근원이 된 세계였습니다.

전통적으로 좌파는 진보 사상에 연결돼 있었고, 사회 발전에 대한 명확한 비전이 없으면 좌파의 정치는 예측하기 어렵다는 것을 선생님은 어떻게 설명하시겠습니까? 진보주의적 흥망성쇠가 없는 사회 발전의 비전은 무엇이 되겠습니까?

말씀드린 것처럼 '사회 발전'에 대한 질문은 70년대말까지 크게 확장되었던 '봉급 사회'라는 질문에 직접 연결돼 있습니다. 이것은 오늘날 노동의 미래에 관한 질문 형식을 취하고 있습니다. 그리고 선생은 다음과 같은 논쟁의 강도를 알고 계실 겁니다. 노동은 사라지고 있는 가치를 위해 유지되어야 합니까? 우리는 '노동의 끝'에 참여하고 있는 것입니까? 반대로 그때까지 멀어져 있던 사람들이 봉사 활동의 직업 세계에 들어가게 되는 것을 사람들은 보게 될까요? 그렇지만 질문들 중의 질문은, 우리가 사회 생활의 목적이라고 받아들이는 개념에 관한 질문입니다.

■ '사람들은 진보를 멈추지 않는다'라는 표현은 어디에서 유래한 것입니까?

이것은 단지 진실을 말하는 대중적인 표현들 중 하나입니다. 진보의 개념은 명백히 그것이 가리키는 움직임이 결코 멈추지 않을 것이라는 것을 확증하기 위해 만들어졌었습니다! 이 격언에는 그런 움직임에 대항하는 모든 것들에 대한 확실한 승리의 약속을 표현하고 있는 것입니다.

■ 전쟁 후의 계획 수립자들이 상승하고 있는 진행 상황으로 생각한 것이 잘못됐다고 생각하십니까? 유명한 영광의 30년대의 사회적 유동성이란 것이 환상이었던 것은 아닙니까?

반세기 전에, 사람들은 장차 사회 현상들에 대한 이성적 통제라고 하는 라플라스의 꿈을 실현할 수 있을 만큼 충분히 강력한 기술 수단을 갖고 있다는 생각을 하고 있었습니다. 그가 제시했던 확률적 계산의 완벽함과 사회 생활이라는 부분까지 그 적용 범위의 확장에 관련된 방법 자체는 적합한 것이었다고 밝혀진 것 같습니다. 이런 계산과 통계 절차간의 합류점으로부터 사람들은 '미래의 과학'이라는 사고를 이끌어 낼 수 있다고 생각했습니다. 다니엘 벨에 의해 운영된 2천 년을 위한 위원회, 랜드 코퍼레이션 미래 연구 기관, 혹은 허먼 칸에 의해 고

무된 허드슨 연구소 같은 여러 기관이 미국에서 이런 생각을 실현시키려 하였습니다. 이 새로운 학문을 사람들은 '미래학' 혹은 '미래 연구' 등 (사람들이) 동의어로 사용하고 있는 이같은 두 어휘로 명명하였습니다. 그 중 두번째 용어가 빠르게 채택되었습니다. 이상한 상황은 '과학'이 그 대상에 대해 사용하였던 확대 적용·분출, 그리고 곧이어 미리 꾸며놓은 복안과 모의실험 같은 복잡한 수학적 방법에 빚이 있는 것처럼 보였습니다. 이 대상의 신빙성은 기술자들 대부분에 대하여 주동자들이 겨냥했던 목표와 동일한 것처럼 보입니다. 미래 혹은 앞날이란 사실, 현재에 취해야 할 결정을 과학으로 합법화하는 것과 관련이 있습니다. 사상은 아주 구체적인 사회적 기대를 만나게 되었던 것입니다. 오늘날엔 그런 연구에 몰두하도록 하는 관리나 서비스를 갖추고 있는 것이 대기업이거나 대규모의 행정 기관이 아닙니다. 미래를 지배할 그런 과학에 대한 주장을 판단하기에 가장 좋은 것은, 틀림없이 미래 연구에서 기인한 예견에 대한 회고적 관점을 취하는 것일 겁니다. 과거가 현재라는 시점이었을 때, 과거에 미래를 상징적으로 나타냈던 일이 실제로 발생했습니까? 대답은 가혹합니다. 우리에게 발생한 중요한 어느것, 거의 아무것도 예견되지 않았으며, 예견되었던 중요한 어느것, 거의 아무것도 이루어지지 않았습니다. 신랄한 하나의 예를 들자면 50년대말에 자동화로부터 발생하게 될 한가로운 사회에 대해 진지하게 사람들은 서로 질문하였습니다. 여가와 관련하여 사람들은 직장을 잃게 된 것이었는데, 그것이 자동화의 산물인지조차 몰랐습니다. 30년 동안 미래 연구라고 주장해 온 사람들의 노력의 핵심은 현실을 파악하게 하는 유기적 관계의 척도를 가능한 한 가장 완벽하게 복잡한 체계 안에서 파악할 수 있게 하는 방법 연구로 향하는 것이었습니다. '적용'이라는 그 모든 임무에서 미래 연구는 다음과 같은 하나의 양식으로 요약되었습니다. "행동할 수 있기 위해 예견하기를 바라는 것." 사람들은 이 말을 통해 《실증철학 강의》제2과에서 오귀스트 콩트에 의해 표현된 다음과 같은 유명한 격언에 대해 대단히 정확한 반향을 듣게 됩니다. "과학으로부터 선견지명을 갖게 되고, 선견지명으로부터 행동이 있게 된다." 위험지배 철학은 역사에 관한 진화론적 철학과 일치합니다. 실증주의적 정신은 현실 속에 존재하는 다양한 잠재적인 것들이 대립하는 긴장, 과정에 뒤이어 올 수 있는 단절, 그것들을 지배하는 리듬의 다양성 같은 것들을 생각할 수도, 생각하기를 원할 수도 없습니다. 프랑스에서조차 제5공화국의 처음 몇 년 동안 미래 연구와 계획의 만남은 이런 움직임에 기여했습니다. 이것은 예를 들어 1965년에 《계획 혹은 반(反)우연》을 출간한 피에르 마세의 문제를 통해 이미 나타났습니다. 그는 "미래학적인 연구 논리는 전통적 발전을 역류시키는 것이며, 추론된 미래가 아닌 상상된 다양한 미래를 개척하는 것으로부터 출발하는 것이다"라고 상기시키고 있습니다. 그러나 그는 다음과 같이 덧붙여 말하고 있습니다. "미래 연구는 예견된 것으로 만족해하기보다는 뜻밖의 일에 대비하기 위해 그것을 상상하려고 노력한다." 뜻밖의 일, 그는 단지 위협이 있는 날에만 그것을 떠올립니다.

▐ 사람들은 다른 방법으로 미래를 예측하는 일을 상상해 보지 않았습니까? 실증주의적이지 않은 미래 연구 방법으로 말입니다.

망각이라는 어처구니없는 현상이 우리들의 기억에서 그것을 지워 버렸습니다. 한 이름이 그것을 상징적으로 나타내는데, 프랑스 철학자이고 행동가인 가스통 베르제입니다. 사람들은 그와 관련하여, 그가 프랑스에 미래 연구를 소개했다는 것을 학교에서 배워 알고 있습니다. 실제로 그는 1957년 파리에 미래 연구국제센터를 창립하였는데, 그곳은 그의 교조적 영향력으로 연구원·기술자·행정가와 기업가들을 연합시켜 1960년 그가 사망한 후까지 《미래 연구》 잡지를 주관하게 했던 곳입니다. 그러나 이 단어의 도입은 사물의 수입으로 요약되는 것이 아니었습니다. 결국 그는 다른 의미론적 반향에 영향을 주었습니다. 라틴어로 prospicere는 '멀리 보다'를 의미하지 않았습니까? 그리고 이 단어는 레오나르도 다 빈치 때까지 '전망'이라고 불리는 것을 가리키지 않았습니까? 멀리 본다는 것, 그것은 미리 보는 것(예상하다)도, 보기 위해 앞으로 나아가는 것(조사하다)도 아닙니다. 오히려 그것은 올 것이 오는 것을 보기 위해, 좀더 정확히 말해서 그 미래가 우리에게 적합할 것인지 아닌지를 결정하기 위해 그 자신의 관점을 조정하는 것과 관련됩니다.

그의 정신적 사고 방식은 무엇으로 구성되었습니까?

베르제의 방식은 자신의 미국식 실증주의 해석으로부터 미래 연구 사상을 고의로 도출해 내는 것을 목표로 하고 있습니다. 후설 사상에 관한 한 알려진 전문가였던 그는, 그의 계산 기술에 관한 가장 깊은 곳에서는 소위 '미래 학문'을 묵묵히 지지하고 있는 시간의 개념을 비난하고 있었습니다. 확대 적용하여 그것에 만족한다는 것은 사람들의 직선적이고 추상적인 시간 개념을 받아들인다는 것입니다. 바로 이것이 몇몇 심각한 환상의 대가로서 19세기 학문에나 어울리는 것이었습니다. 그렇지만 우리에게는 "미래 속에 과거를 연장하는 것으로 만족하는 실증주의적 예견과 같은 지나치게 협소한 개념을 넘어설 필요가 있다. 내일은 더 이상 어제 같지 않을 것이다. 그것은 새로울 것이며, 그것은 우리에게 달린 것이다"라는 것을 인정할 수밖에 달리 도리가 없다고 그는 쓰고 있습니다. 자신을 이해시키기 위해 철학자는 우리에게 여전히 직접적으로 말하는 이중적 사실에 의거하고 있습니다. 우리가 살고 있는 세상의 변화는 강한 가속도를 받아 왔습니다. 그 이후로 인간은 돌이킬 수 없는 행위를 자행하고 있습니다. 어제는 우리가 무력했기에 미래가 우리를 불안하게 했습니다. 오늘은 우리가 분명히 밝혀낼 수 있는 방법을 갖고 있지 않은 우리 행위의 결과로 인해 그 미래가 우리를 불안하게 합니다. 사회에서 인간 행동에 관한 사고는, 그 행동의 합리성을 장기 두는 사람의 합리성에 동일화시키는데, 이것은 시간에 대한 직선상의 개념에 연결되어 있는 것입니다. 그런데 우리가 해야 할 놀이에서 "규칙들은 끊임없이 변하는 반면에, 놀이 부품의 수가 변하고, 놀이중에 상대편의 소유가 바뀝니다." 만일 그것이 통계적 방법과 확률적 계산으로 해결할 방법이 없다는 것을 의미하지 않는다면, 이와 같이 이해된 '미래 연구'는 미국 전문가들이 그 용어에 부여했던 의미의 '학문'으로 소개되지 않을 것입니다. 베르트랑 드 주브넬은 《예견술》이라는 제목이 붙은 자신의 책에서, 1964년 단호하게 그것을 다음과 같이 상기합니다. 예측 전문가는 "확신에 차서 어떻게 될 것이라고 말하는 것이 가능한 '미래 학문'이 존재한다고 생각케 하는 것을 두려워해야 할 것이다."

베르제는 일종의 계몽가입니다. 그의 대화 상대자, 그의 청중은 어떤 사람이었습니까?

　'사소한 필요로 억눌린' 그들이 취침 시간에서 단지 '조급한 반성의 시간'만을 취하는 것을 통탄하기 위해 활동가인 베르제는 결정권을 가진 자들이라고 불리는 사람들에게 말합니다. 그는 그들의 사고 중심에 '창의'적 사고를 갖도록 그들을 초대하는데, 그 이유는 '오늘날 모든 것이 어디에서나 재검토되고 있기' 때문입니다. 사람들이 원하든 원하지 않든간에 언제나 가능한 여러 세계가 있습니다. 그 중 단 하나만이 뛰어나게 될 것입니다. 그러므로 현실은 '주어진 것'으로 간주되지 않을 것이며, 잠재적 영역으로 개척되고 촉구되어야만 할 것입니다. 이런 의미에서 가스통 바슐라르는 "세상은 나의 도전이다"라고 말했던 것입니다. 가능한 것들 중에서 실현될 것은 어떤 의미에서든 우리가 앞서 나갈 때 갖게 되는 위험, 또한 책임을 지게 되는 것입니다. 이처럼 '미래 연구'는 문화인류학에 기초한 '윤리학'으로 보여집니다. 경계에 대한 그의 호소는 구체적으로 '미래를 실어나르는 요소'를 미래 속에서 분간하려는 염려로 풀이됩니다. 그래서 그것에서 최상의 것을 찾아낼 줄 알도록 하기 위해 뜻밖의 일에 관심을 갖는 염려로 풀이됩니다. 그것을 거부하게 된다면 우리는 최악의 것이 실현되도록 몰아넣는 것입니다. 안전에 대한 필사적 욕구보다 더 불안전에 노출되게 하는 것은 아무것도 없습니다.

II

진보의 피해

■ 진보가 남북 사회를 매료시켰습니다. 그 시대는 바로 우리 뒤에 놓여 있지만, 성장에 관한 강의는 계속해서 어떤 매력을 행사하고 있습니다. 선생님은 이 매력이 무엇과 관련이 있다고 보십니까? 오늘날 그 영향력을 연장시키려고 시도하는 새로운 신화는 무엇입니까?

진보에 대한 매료는 북쪽 나라 대다수의 봉급자들에게나, 탈식민 시기에 남쪽 국가 출신의 엘리트들에게 나타났던 현상이었습니다. 성장에 대한 숭배는 '반제국주의' 운동으로 인해 그들 시대에 고발되었던 많은 신식민주의적 행위들을 정당화하였습니다. 오늘날 우리는 문제되었던 것을 더 잘 보고 있습니다. 그것은 단순한 기술적 전이가 아니라, 관련된 나라들의 역사가 적당히 넘어간 때부터 실행될 수 없다고 판단되던 생활방식으로의 전이였습니다. 그런 사실로 인해 이런 나라들은 개발이 뒤진 것이 아니라, 종종 엄청나게 잘못 발전된 상태로 남아 있는 것으로 밝혀졌습니다.

■ 농생명공학은 세계의 기아를 막는 데 도움이 될 수 있지 않겠습니까?

사람들은 농생명공학을 세계 기아 문제를 위해 마침내 발견한 해결책으로 소개하고 있습니다. 불과 몇 년 전에 사람들이 나타낸 낙관주의에도 불구하고 이것은 터무니없이 첨예한 문제로 남아 있다는 것을 알고 있습니다. 사실 70년대에 발표된 그 유명한 '녹색 혁명'이 그들의 약속을 지키지 못했습니다. 그와는 반대로 82개 국가가 자국민들을 먹여 살릴 수 없고, 역사적으로 긴 기간 동안 쇠퇴한 이후로 최근 몇 년간 영아 사망률이 상승하기 시작했기 때문입니다. 유전자 변형으로 씨앗에 새로운 품질을 제공할 것이라고 말합니다. 게다가 더 많은 영양 가치가 있고, 더 오랜 보존 기간 동안 사용할 수 있는 병에 강한 제초제·살충제를 만들고 있습니다. 경제적 합리성의 요구와 동시에 인본주의적인 선한 양심의 요청에 부응하는 이중의 이점을 소개하고 있는 것처럼 보이는 이런 계획에 어떻게 동의하지 않겠습니까? 그렇지만 정착중에 있는 상황은 가장 가난한 나라들의 식량 부족을 현저하게 심화시킬 위험이 있다는 것과, 그 상황은 높이 평가하기 어려운 여전히 위협적인 요인으로, 북쪽 국가에 사는 국민들의 건강을 짓누르고 있다는 사실을 어쩔 수 없이 인식해야만 합니다. 종자들을 평가한 4,5개의 다양한 국가들에 의해 제3세계의 유전자 약탈이 이루어지는 것을 목격하게 되었습니다. 이어서 그런 나라들은 종자를 저항력이 강해진 제초제와 함께 상품화합니다. 이렇게 강요된 판매는 리우데자네이루에서의 회담 때 다양한 생명체를 잔혹하게 축소시킨다고 정당하게 고발되었습니다. 그래서 더 좋은 시장에서 모든 사람들에게 식량을 제공할 것이라는 것과는 동떨어지게 농생명공학의 확대가 세계 국가들에 의해 수많은 작은 농장을 망쳐 놓게 될 것이라고 두려워할 타당한 이유가 있는 것입니다. 기아의 종말은 그야말로 내일 있을 일이 아닙니다. 항상 일모작에 관련하여 제기되던 식량 부족의 불안함은 불행하게도 오늘의 화제로 올라 있으며, 이것은 사실 혹독한 국제 경쟁만을 불러일으키는 움직임의 논리에 새겨진 것입니다. 유전자적으로 변형된 유기체들——옥수수·콩·토마토——이 미국 슈퍼마켓을 통해 우리 식탁에 직접 올라온 이후로, 소비자 단체들은 건강을 위해 경우에 따라 생길지도 모르는 위험들에 대해 대중의 의견에 경종을 울렸습니다. 사람들이 바라지도 않는데 알레르기를 일으키는 식품을 만들겠습니까? 두말할 나위 없는 진정한 약품상의 혁명이었던 것에서 유익한 효과를 없애 버리는, 항생제에 저항력을 가진 유전자를 퍼뜨릴 위험이 있지 않습니까? 사람들은 실수로 유해한 식물을 생산하게 될 위험을 무릅쓰게 되지는 않겠습니까? 나에게는 이런 질문을 둘러싼 치열한 논쟁들이 내일 가서는 점점 더 지구의 운명을 결정할 논쟁으로 예고되고 있는 것 같습니다. 이런 일로 인해 사람들은 유전공학자들의 확신, 농업 기사들의 환희, 감사함 없이 상업적 투쟁에만 몰입하는 실업가들의 열중, 거짓과 참, 있을 수 있는 일과 불가능한 일을 구별하는 데 어려움이 있는 소비자들의 공포 등을 종종 신중하지 못한 방법으로 단정해 버립니다.

■ 그러면 소비자 단체들에 의해 실행된 통제가 선생님 보시기에 충분한 것 같지 않습니까?

그렇습니다. 그래서 문제들이 국제적 수준에서 제기되고 있음을 보게 됩니다. 만일 소비자 단체들이 국내 시장에 대해서만 행동하게 된다면, 그들은 계획되고 있는 문제가 발생하고 있는 그 어느것에 대해서도 알지 못하게 될 위험이 있습니다. 광우병이라고 일컬어지는 병에 대해 수년간 영국에서 비밀로 유지될 수 있었던 환경과, 이어서 인간에게 나타난 크뢰츠펠트 야곱병이라는 새로운 형태와 함께 이 병과의 관련을 부인하고 있는 것을 생각해 보십시오. 국제적 차원에서 규칙들이 정해질 수 있기 위해서는 소비자 단체들로는 충분치 않습니다. 자유로운 과학자나 이러저러한 생명공학 혁신 적용 조건들을 심사숙고하는 시민들이 이런 규칙들의 개발과 통제에 참여해야 합니다. 경험으로 인해 수단과 방법을 가리지 않는 다국적 기업의 수익성의 논리와 기술, 정치적 권위의 행정 논리에 일부분을 도입시킬 수 있는 공유된 경계의 필요성을 인식하게 될 것입니다. 바로 여기서 인식과 단체 행동의 발전을 확실히 이룩하게 될 것입니다. 현재까지는 단체들이 그때그때에 따라 자신들을 드러내고, 개인들이 항의하고 고발하는 것을 보았지만, 이런 종류의 간섭을 위해 특별히 고안되고 설치된 어떤 탄원도 거기서 불 같은 위험 이외에 시민들이 보는 것은 아무것도 없다는 것을 막지는 못했습니다. 어떤 조직도 같은 연설이나 혹은 같은 침묵 속에서 기업의 이윤, 정부의 권위, 때에 따라서는 대규모의 매스미디어를 연결시키는 고리를 부서뜨릴 수는 없었습니다.

▌ 어떻게 이런 시장 논리에서 벗어날 수 있습니까? 시장경제에 대한 충격적인 사소한 시도들에서 로제 게느리는 다음과 같이 지적하고 있습니다. "새로운 제도가 제시하게 될 상황이 시장의 모든 경제적 제한을 무너뜨린다고 하는 명백한 상식 밖의 일을 가정하는 것을 제외한다면, '자본주의'에 대한 피상적 비판의 성향을 띤 신봉자였던 70년대 좌익 정당의 정신적 소탈함이 경제 관리와 변화를 준비하게 하는 데 있어서 최선의 방법은 아니었다." 좌파의 지식인들에게 있어서 시장은 가장 생각할 수 없는 것이 아니지 않았습니까? 제가 잘못 알고 있는 것이 아니라면 선생님도 거기에 속하는 사람이지요.

나를 쳐다보십시오! 정말 내가 프랑스에서 좌파 지식인이라고 불리는 그런 사람의 모습을 하고 있습니까? 선생은 매주 탄원문 밑에 적힌 내 이름을 읽게 됩니까? 나는 철학자이기를 노력하고 있습니다. 그러나 만일 세상에 있는 그대로에 만족한다면, 나는 아마도 그렇게 하는 데 어려움이 있을 겁니다. 그런 이유로 나는 항상 세상을 바꾸기를 바란다고 공공연히 주장하는 사람들의 개발과 프로그램에 가장 큰 주의를 기울여 왔습니다. 좌파의 사라진, 그와 비슷한 공통된 프로그램을 나는 기억하는데, 거기에는 세계 시장에 대한 어떤 제한도 어떤 가능성도 암시되어 있지 않음을 보고 어리둥절하였습니다. 생시몽주의자들의 선조인 산업주의적 생산주의는 1981년에 좌익 정당들이 연합하게 되는 정신적 유대를 형성했습니다. 이런 개념에 대해 단지 '국내 시장'만을 염두에 두었던 것입니다. 피에르 모루아가 본의 아니게 초현실주의적 형식으로 '변화의 초석'이라고 불렀던 것을 만들기 위해, 투자를 '유치하려는' 목적으로 소비를 활성화시키기 위해 국유화할 필요가 있었던 것입니다. 이렇게 이론적으로 근사한 체계는 머지 않아 권력의 힘에 부딪쳐 산산조각이 나고 맙니다. 세계 시장의 존재를 법적으로 인정했으면 더 좋았을 것입니다. 오늘날 시장의 법칙은 어떤 조작의 여지도 남겨두지 않는다는, 일상적으로 받아들여진 사고와 관련하여 이런 생각은 정치적 활동이 이후로는 불가능할 것이라는 의심을 심화시켰습니다. 세계화를 대단히 중요시하는 이런 견해가 무활동에 대해 대단히 편리한 변명처럼 보입니다. 세계화의 추세에도 불구하고 국가들은 특히 세무 제도와 사회 보장 분야에서 실질적인 간섭 능력을 유지하지 못했습니다——그래서 그 중 프랑스에서 계속된 정부는 실제적으로 20년 동안 그것을 전혀 활용할 줄 몰랐던 것이 아닙니까?

자연환경 보호 문제로 갑시다. 뤽 페리는 심층생태론과 관련하여 인간의 자유권에 대한 루소의 책을 인용합니다. 거기서는 인간의 자유권이 당연히 동물에 반대되어야 하는 것처럼 정의되어 있습니다. 그런데 창시적인 이 책이 씌어진 2세기가 지난 후, 미국에서 인간과 동물의 관계에 대해 완전히 다른 견해가 등장하는 것을 보게 됩니다. 몇몇 사람들에 의해 동물들, 하물며 돌조차도 인간과 같은 견지에서 '법적인 인격체'로 판단되고 있습니다. 이런 현상을 선생님께서는 어떻게 설명하시겠습니까?

사람들은 30년대에 독일에서 이런 전도로 인한 비극적 결과를 보았습니다. 뤽 페리는 몇몇 사람들의 감정을 상하게 할 수도 있었던 완고함으로 이런 비교를 하였습니다. 그러나 여러 방향에서 그것에 이를 수는 없었는데, 그 이유는 정신의 혼미함이 심했기 때문이지요. 왜 이런 역류 현상이 벌어졌습니까? 그가 '세속적 인본주의'라고 지칭한 것을 지지하는 사람들의 과도함에서 생겨났는지 모르고, 동물-기계의 논문에서 동물계에 관해 서술한 이론을 본 사람들로부터 나왔는지도 모르지요. 반면에, 반복하여 말하지만 그것은 주로 애니미즘에 반대하여 자연에 대한 일정한 형태의 명료함을 주장하는 것과 관련이 있습니다. 이처럼 동물들에게 가하는 필요 없는 고통에 대해 사람들이 비난하는 행위들을 정당화하기 위해 동물과 인간 사이의 단절이 제기될 수 있었던 것입니다. 진정한 윤리적 질문은 소위 동물의 존엄성이 아니라, 동물과의 관계 속에서 인간의 존엄성의 문제입니다. 만일 이런 행위들을 비난하고 금지한다면, 우리의 눈에는 그것이 인간의 존엄성을 위태롭게 한다는 것입니다. 동물이 우리들처럼 존엄성을 갖게 될 것이기 때문이 아니라, 동물들을 우리의 충동의 폭발 대상으로 간주하면서 인간의 존엄성을 만들고 있다는 생각으로 위험하게 될 수 있습니다. 그리스도 신학을 바탕으로 인본주의적 대용물을 만들어 가는 물질주의에 대항하는 논쟁이 제기돼서는 안 될 것입니다.

■ 심층생태론은 특히 동물에 대한 질문과 관련하여 나타났습니까?

그렇다고 생각지 않습니다. 그런 주제들이 감정적으로 높은 가치를 갖고 있는 것은 확실합니다. 심층생태론이 혹여 그런 것들을 강조하면서 많은 반향을 얻었다 하더라도, 그러나 내가 알기에 이런 행위들에 대한 고발이 처음 주장의 핵심에 있던 것은 아니었습니다.

■ 그런 행위들을 지적하실 수 있습니까?

그것은 예를 들어 화장품 산업의 이익을 위해 동물에게 가해진 고통들입니다. 반대로 암의 진행을 연구하기 위해 실험실의 재료로서 유전자가 전이된 쥐를 기르는 것을 어떤 사람들은 받아들일 수 없는 것이라고 할 때 나는 의아해합니다. 쥐가 고통받는 것은 확실합니다만, 지금에 있어서 그 병을 연구하기 위한 가장 좋은 방법은 어떤 것입니까? 짐승의 존엄성이라는 명목으로 그런 연구들을 금지하는 것이 나에게는 큰 범죄를 저지르는 착오처럼 보입니다. 어떻든 제한된 수의 사람들만이 혜택을 보는 미용용품에 대한 관점과 인류를 해치는 재앙을 종식시키는 것을 목표로 하는 연구를 구분해야 합니다. 이 두 경우는 같은 방법으로 다루어져서는 안 되며, 동물의 존엄성에 대한 모든 강연들, 페리가 '현대의 민주적 동물 사랑'이라고 부르고, 또한 '동물 화가의 유심론'으로 지칭되는 것들이 조직된 특공대들에 의한 실험동물 사육장의 파괴 같은 용납될 수 없는 행위와 다소 쉽게 혼동되고 있는 것 같습니다.

■ 심층생태론에 대한 선생님의 견해는 어떤 것입니까?

　이런 자연환경 보호주의는 현세상을 지배하고 있는 과학자들과 실리주의자들의 관념론을 고발한다는 장점을 갖고 있습니다. 그러나 비난하는 현상을 분석하게 하는 것과는 동떨어지게, 형이상학으로 도피하는 일이 발생하고 있습니다. 어떤 경우에는 악보다 더 나쁜 구제책으로 확인되는 경우가 있을 수 있습니다. 중서부 농장의 농기계와 연이어 발생한 모든 자연재해들로 인한 미국 대초원 지대의 파괴라고 하는 심층생태주의의 최초 배경으로 돌아가 봅시다. 실제로 문제가 되는 것은 형이상학적인 것과는 아무런 상관도 없었습니다. 또한 잘못은 자연에 대해 무례하게 행했고, 자연의 균형을 파괴했다는 것이 아니었습니다. 게다가 소위 자연의 균형이라는 것은 거창한 현실과는 아무런 관계도 없었습니다. 성스러운 기원에서 발생한 형벌로서의 회오리바람을 보는 것보다 일을 더 순식간에 해치운다는 것에 있습니다. 정말 문제는 특이한 기술자의 사상 덕분에 채택된 개발 형태가 문제입니다. 이것은 축적의 논리와 식민지 사람들에 대한 살인적 관계가 나란히 함께 한다는 기계에 대한 우상 숭배적 방식입니다.

■ 같은 생각에서, 거의 전세계적으로 산업화된 국가들에서 전개됐던 일모작을 재검토하셨던 것입니까?

　분명히 많은 지역에서 일모작으로 불합리함이 야기되었습니다. 나는 이미 오래 된 일인 20년대말 이후 옛 소련에서 있었던 농업의 황폐함으로부터 발진된 논쟁을 취하였습니다. 관리자들은 농민이 바보라고 생각하여, 개발의 열쇠는 새로운 기술 사용에 있다고 보았습니다. 스탈린의 눈에는 절대적 기술의 힘이 대규모로 제기되었던 심각한 식량 보급 문제를 해결할 수 있을 것 같아 보였습니다. 공학자의 환상과 강요된 토지의 공유화 사이의 관계가 직접적인 원인처럼 보였으며, 이어 리센코의 광기가 농업의 재난을 심화시켰습니다. 70년대 동안 모잠비크나 앙골라 등 옛 소련의 영향하에 있던 아프리카 나라들에서 같은 논리가 작용한 것을 우리는 목격했습니다. 동구권 국가에서부터 비롯된 농기구들의 수출은 아프리카 국가들의 발전에 기여하기보다는 땅을 파괴시켰고, 어쨌거나 항상 명성이 높은 그 지독한 과학적 사회주의에서보다 더 많은 예속 상태를 야기하여 여러 형태의 노동력 착취를 고무시켰던 것입니다.

프랑스의 경우, 팩스턴은 30년대의 프랑스 농민 운동에 대해 앙리 드 뷔르게르에게 바친 그의 최근 저서에서, 프랑스 농민들이 어떤 점에서 농민 도원경(桃源境) 사상에 집착해 있는지를 결론 부분에서 상기시키고 있습니다. 동시에 전후 기간 동안 국가와 FNSEA(국립농업조합연맹)간에 이루어진 조약의 능숙함으로 인해 농업의 발전을 가능하게 했고, 초록색 와이셔츠 운동과 함께 3,40년대 동안 있었던 새로운 표류를 방지해 주었습니다. 프랑스의 경우, 토지의 종말을 유감스럽게 생각해야 합니까? 촌부 세계에서 농부 세계로의 전환이 진보로 간주될 수 있습니까?

3세기가 지난 이래로, 포도 재배 용어에 그 어원을 가지고 있던 토지라는 단어에는 감각적인 어떤 것이 있습니다. 토지, 그것은 농업에 적당한 관점에서 고려된 땅입니다. '지방 사투리'를 사용하는 사람이라고 말하기에 앞서, 포도주에 대해 말할 때는 그가 '고향을 느꼈다'라고 일컬었습니다. 영토, 그것은 행정적 측면에서 바라본 땅입니다. 바로 이 행정이 땅을 탈

취한 것이며, 농업의 산업화가 그 나머지를 담당했습니다. '토지'는 향수 이외에 아무것도 아닙니다. 때때로 상업 전략은 그 향수를 가꾸어 상품화할 줄 압니다. 그러나 팩스턴이 옳았던 것이, 반세기 이래로 프랑스에서 농업의 변전(變轉)은 진보와 후퇴의 기술적 진보라는 단순한 운명에 의해서가 아닌 농경 조직과 국가가 투쟁적 조약 관계를 맺을 수 있었던 '큰 자'와 '작은 자' 사이의 힘의 관계의 작용에 의해 지배되었습니다. 봉급 사회가 농경 사회를 점령하게 된 것입니다. 독립적인 농민 세계가 현재로서는 합리성과 수익성의 가치가 우세한 정보화된 경영자 농부들 세계로의 이행이 이루어졌습니다. 문제는 그 이행이 진보를 이룩했는지를 알아보는 것이 아니라 다른 형태의 진보를 생각할 수도 있지 않았는지, 그랬다면 대규모의 분배에 있어서 서로서로를 연결시키는 가장 덜 위험한 관계를 유지하며, 농식품 산업의 강요에 생산자들의 절대적 속박이 빚어내는 자명한 불이익에 우리들이 대비할 수도 있었을 것이기 때문이지요.

■ 광우병의 경우에 대해서는 어떻게 개입할 수 있었겠습니까?

광우병의 문제는 영국과 유럽의 농식품 산업에서 취해진 결정에 대한 국제적 규제가 없었다는 문제에 관련되어 있습니다. 사람들은 대중 건강에 위험을 초래한다는 사실을 분명히 알고 있었음에도 오염된 밀가루를 계속해서 판매하도록 결정했던 것입니다. 그 일은 그렇게 합의된 것입니다……

■ 자연환경 보호가 프랑스에서는 독일이나 미국에서만큼이나 그렇게 많은 중요성을 차지하고 있지 않다는 측면에서, 이

자연환경 보호에 대한 선생님의 태도는 어떤 것입니까? 선생님께서는 정치적 자연환경 보호주의의 발전에 다소 호의적인 입장입니까?

오늘날 존재하는 정당들의 구조와 기능, 그들이 권력을 잡았을 때 그 권력을 행사하는 방식이 우리 사회의 미래와 관련하여 심각한 문제를 야기하는 것 같습니다. 이런 구조·형태·운영 방식들이 우리가 충분히 논의했던 정치에서의 경제 개념적 지배와 관계 없는 것이 아니라고 짐작됩니다. 자연환경보호주의자들의 운동을 사로잡고 있는 문제가 분명 이 경제주의가 빚어낸 '결과'인 것으로 드러났듯, 그런 운동들이 낡은 정당을 그대로 본받거나 그들과 경쟁하려 하기보다는 새로운 형태의 정치 조직을 만들기를 사람들은 기대할 것입니다.

프랑수아 바이루는 자신이 사는 지역에 자연환경보호자들에 의해 열렬히 보호받은, 위기에 처했던 한 마리 곰 이야기를 상기시켰습니다. 결과는 파국적이었습니다. 선거에 당선된 사람들은 골짜기 전체에 생명을 다시 부여하고, 프랑스와 스페인을 연결하는 터널을 건설함으로써 지역 전체에 일자리를 공급하기를 바랐습니다. 그러나 그들은 저지당했습니다. 우스운 일이지 않습니까?

정치적 현상들이 전체적인 일관성에서 고려되지 않은 순간부터, 보잘것 없는 생명의 양상에 초점을 맞추는 그때부터 사람들은 논리에 있어서 오류를 범하게 됩니다. 사람들은 어떤 결과를 초래한 총체적 원인들에 대해 자문하지 않고, 그 결과로부터 곧바로 출발합니다. 프랑수아 바이루의 곰 이야기는 호감가는 그 동물의 식욕에 희생된 가축을 소유한 목동과 농부들을 '잊은' 시민들을 선동한 것입니다. 이것은 도로 건설 때처럼 터널 건설은 더 큰 주의를 불러일으켜야 한다는 말입니다. 경험에 비추어 보면, 기술자들의 감정이나 행정가들의 능력에 결코 만족하지 않는 것이 더 낫다는 것을 사람들은 알게 될 겁니다.

■ 핵에 대해 선생님은 관심을 갖고 계십니까?

조금 있으면 30년이 되는 기간 동안 사람들은 과학철학 분야에서 연구해 온 셈인데, 의미를 고려하지 않고 지식의 행보에 대해서만 자문해 보는 둔한 인식론자가 아닌 이상 사람들이 이 질문을 어떻게 피해 갈지 모르겠습니다. 프랑스의 경우는 적어도 체르노빌 사건 이후로 EDF(프랑스전력공사)가 진보의 깃발을 대단히 높이 휘두르면서 '모든 원자력' 프로그램을 판매한 방법에 대해 자문해 보지 않는다는 것은 있을 수 없는 일인 것 같습니다. 실질적인 토론 없이 당선자들과 시민들에게 그 프로그램을 받아들이게 하기 위해 사용한 방법들에 대해서는 논의하지 맙시다. 기억해 보십시오! 잔인하게도 사람들은 히로시마를 파멸시켰던 원자력을 악마같이 혐오스러워하던 단계에서 그것을 신성시하는 단계로 이행해 갔습니다. 대중이 사용하는 원자력의 저렴한 가격과 깨끗하고 무궁무진한 그 에너지에 대한 찬사를 들어 보십시오! 부인한다 하더라도 결과는 영구적 위험을 나타내는 진전 상황을 가동시킨 것입니다. 진보 사상이 프랑스에서는 '원자력화' 라는 과정에 대한 모든 질문을 미리 실추시키는 데 이용된 반면, 다른 산업화된 나라들에서는 그것에 관해 토론하였고, 우리와는 반대되는 결정을 취했던 것입니다. 발전소의 안전 문제와 항상 날카롭게 제기되는 핵폐기물 처리 문제는 시민권 행사에서 제외되어 있습니다.

■ 선생님은 모든 자동차에 대해 격렬한 비판자입니까?

나는 벌써 8년째 자동차 소유자가 되는 것을 그만두었습니다.

■ '믿을 수 있는 기술적 개체들'이라는 시몽동의 표현을 사용할 수 있으려면 우리는 어떻게 해야 할까요?

기술과 여러 형태의 인간 개체화 사이의 관계에 관한 시몽동의 논문이 나에게는 언제나 완전무결해 보입니다. 우리는 결코 일정한 기술 환경과 맺고 있는 관계들로부터 자유로운 개체로 존재할 수는 없습니다. 한 개인이 특별한 기술에 직면할 경우, 그는 자신도 모르는 사이에 이미 그가 속해 있는 환경에 의해 만들어지고 있는 것입니다. 그는 어떻게 기계적 대상과 기계들과 함께 자유로운 관계를 형성할 수 있습니까? 질문이 잘 제기된 것이지요…….

■ 중요한 것은 기계와 인간의 관계 및 유대입니까?

그렇습니다. 상호적 외재성(外在性)의 관계 안에 그것을 위치시키기를 거부한다면, 기술 숭배만큼이나 기술 공포라는 우리 시대의 두 가지 실수를 피할 수 없을 겁니다. 사람과 기계가 같은 환경에 동시에 소속된다는 관계를 한 일화로써 설명하겠습니다. 수 년 전에 아가디르[모로코 도시]에 체류한 적이 있었습니다. 나에게 급한 용무가 있었습니다. 문 닫을 시간 전에 도착할 수 있도록 확인하기 위해 나는 아주 자연스럽게 시계를 보았습니다. 그런 나를 보고 있던 한 모로코인이 웃으면서 다음과 같이 말하는 것이었습니다. "당신은 유럽 사람처럼 생각하시는군요——왜 그렇지요?——미리 생각하기 때문이지요. 나라면 거기에 갔을 겁니다." ……지구는 시계를 갖고 있는 국민과 시계가 없는 국민을 포함하고 있습니다. 그러나 시계와 함께 산다는 것은 필요 불가결한 존재 방식, 사고 방식인 것입니다. 이 땅에 시계를 갖고 있는 사람들만 있게 되는 날엔 존재 방식의 모든 다양함이 사라지게 될 것입니다. 자동차나 컴퓨터에 대해서도 같은 비판을 할 수 있다는 것은 당연한 일이지요.

가장 심하게 우리 현대인들의 존재 방식을 구성하는 기술들 중에서 의학은 특별한 위치를 차지하고 있습니까?

1세기 동안 의학은 진보철학에서 앞장서는 보루를 만들었습니다. '인류의 은인'인 파스칼의 상징적 얼굴과 그의 이름 주변에 건설된 공화주의의 위대한 전설을 생각해 보십시오. 과학적 의학은 제기될 수도 있을 법한, 이의 없이 습득된 지식의 적용으로 이론적 연구에서부터 대중적인 복지에 이르기까지 실증주의적 도표를 설명하고 있는 것처럼 보입니다. 뜻밖에 들이닥친 에이즈는 전환점이 되었습니다. 본질적 연구에서 임상학으로의 이행은 즉각적이지도 직접적이지도 않았다는 것을 많은 대가를 치르고 발견하게 된 것이지요. HIV라는 역(逆)바이러스에 대해 최소한의 영향력을 행사하기도 전에 그것에 대해 알게 된 축적된 지식이란! 또한 감염된 피와 관련된 사건은, 의학의 산업화에서 이끌어 낸 논리를 통제해야 할 필요성을 명백하게 설명하였습니다. 어쨌든 참작할 만한 가치가 있는 의미 있는 존재에 대해 일종의 대중적 의료 보급이 구상되는 것을 보게 된 것은 사실입니다. 그러나 예를 들어 개인의 모든 불안, 모든 번민이 향정신성 의약을 사용하여 다루어진다면 약체화된 인간 유형을 만들어 내지 않겠습니까?

■ 대중적 의료 보급이라는 말은 무엇을 의미합니까?

내가 보기에는 다른 무엇보다도 현대 서양에서 어머니와 아이를 대상으로 삼는 일정한 수의 실험에 관련된 한 움직임이 있는 것 같습니다. 반세기 이래로 출산 후처럼 출산 전에 출산에 관한 의료 보급이 진전되고 있음을 끊임없이 보아 왔습니다. 산부인과 의사에서 소아과 의사에 이르기까지 요람에 몸을 기울이는 것은 더 이상 요정이 아니라 바로 의사들인 것입니다. 25년 전 이래로 서양 어린이는 출생 전부터 어린이-왕으로 섬겨졌습니다. '심리 분야'에서는 절대적 부권(父權) 학설로 외상성(外傷性) 질병 상태인 두려움을 정착시켰습니다. 만족이라는 원칙에 내맡겨진 사람은 아이가 어느것에도 부딪치는 것을 원치 않았습니다. 결과는 그 아이가 훈련되고 향상되는 데 어려움이 있었습니다. 이렇게 과도하게 현대화된 우리 사회에서 청소년들의 자살 건수가 급격히 상승하고 있는 것을 보게 된다는 것은 얼마나 비참하고 수치스러운 일입니까! 또한 모험을 시도할 수 있기도 전에 생명을 비켜간 그렇게 많은 수의 사람들이 약물에 의존한 것과 관련하여 나는 아무말도 하지 않겠습니다! 이런 의학 보급에 대한 반발로 서양의 현대의학은 재검토되고 있는 상태에 있거나, 그렇지 않으면 그 과정중에 있습니다. 바로 이것으로부터 소위 말하는 완화된 의학이 현재로는 성공을 거두고 있는 것이며, 보호의학과 여러 종류의 정신적 지도자들의 성공을 이해할 수 있는 것입니다. 몇몇 사람들은 심지어 철학적이라는 포장으로 그들의 상품을 제안하기조차 합니다.

■ 아이 갖기를 원하지만 충분한 난자를 생산하지 못하는 40
■ 대의 한 여성은 다른 여자의 난자를 제공받을 수 있습니다.
이것이 선생님께는 충격적인 일입니까?

이런 유형의 질문은 일반적인 대답을 요구하지 않습니다. '40
세의 나이에 아이를 갖는 것'이 어떤 부인의 특이한 인생사에
따른다면 태어날 존재에 대해 전혀 같은 의미를 갖고 있지 않
습니다. '40세의 한 여자'가 되는 데는 여러 방법이 있다는 것
을 각자는 압니다. 마찬가지로 '아이를 갖기 원한다'라는 것에
는 대단히 다양한 의미가 있을 수 있습니다. 이런 가능성이 개
방되었다면, 거기에는 어떤 충격적인 것도 없고, 오히려 그 반
대일 것입니다. 그러나 출산에 대한 이런 수요와 공급의 증가
앞에서 어떻게 어느 정도의 거부감을 느끼지 않을 수 있겠습
니까? 여성 해방이라는 명목으로 여자들이 분만을 통해서만 여
성으로서의 완성을 발견한다는 전통적이고 여성 차별주의적인
사고를 은연중에 복구시키기에 이르렀습니다. '아이를 원하는
(여성적) 욕구'라는 이런 관념은 미셸 토르에 의해 《차가운 욕
망》이라는 냉담해 보이는 제목의 그의 책에서 아주 잘 분석되
었습니다. 요컨대 그 욕망은 의료계에 의해 퍼뜨려지고, 거창한
학자들이 나와 과시하는 것을 소홀히 하지 않는 다양하고 수
많은 매스컴의 중계에 의해 주입된 사고입니다. 바로 이것이 너
무도 정확하면서, 순전히 자연주의적이기 때문에 결국에는 '아
이를 갖는다'라는 표현에 한정된 의미를 할당한 것입니다. 사
람들은 그런 강압적 자연주의의 영향 아래서 부모와 자녀 사이
에 확립될 관계에 대해 염려할 수도 있을 것입니다. 혈연 관계
가 생물학적 현실로 이해되기 위해 은유적 현실로서 존재하지
않게 되자마자 소유하고 있던 것 중 가장 가혹한 것이 지평선
에 그 윤곽을 뚜렷이 드리우게 된다는 것을 경험을 통해 사람

들은 압니다. 피에르 르장드르의 책을 읽어보십시오. 그는 내가 말로 할 수 있는 것보다 더 잘 글로 표현하고 있습니다.

▌ 그것은 전적으로 실직·직업에만 관심을 갖고, 사회의 더 개발된 선택과 관련된 약속을 단지 너무 가끔씩만 고려하는 정치 강연의 부족에 집착하는 것은 아닙니까?

오늘날 인간의 조건에 대해 일관성 있게 연구된 개념에서 출발한 정치적 강연을 지키는 사람이 누구인가를 말하기란 정말 어려울 것입니다. 지배적인 정치 공약을 지키는 사람들에 의하면, 가장 심각한 것은 특히 그들의 현실적 무능함이라는 부분입니다. 한편으로는 이 서글픈 후퇴가 모든 것이 정치적이라는 생각에 반대하던 68년의 움직임 이후의 반동으로 풀이될 수 있습니다. 어떤 의미로는 폭동 세대를 제압했던 세계의 히스테리적 정치 개념에 비례하여 취해진 간격일 수도 있습니다. 그렇다고 정치 사상을 경제 법칙의 결과에서 나온 합리적 경영으로까지 축소해야만 합니까? 참으로 사람들은 정치의 영도 ($0°$)에 이르렀습니다.

▌ 선생님은 '인간의 태아는 인간인가?'라는 주제로 열린 디드로 연합회 회의를 주재하셨습니다. 이 경우는 우리로 하여금 의학 발전에 관한 선생님의 입장을 분명히 이해하는 데 도움이 될 수 있습니까? 낙태의 경우, 여자와 미래의 아이의 몸에 대해 인간이 개입한다는 것은 분명한 사실입니다. 그러나 선생님에게는 환자의 완전한 자유와 조화를 이룰 때에만 진보가 용납될 수 있습니까?

운명처럼 사람들을 짓누르는 모든 것은 꾸준히 물리쳐져야 합니다. 원하지 않은 임신이 바로 이런 종류의 운명을 의미합니다. 또한 장애아의 출생도 그와 마찬가지입니다. 여자의 건강이나 존엄성을 해치지 않는 조건에서 낙태할 수 있는 권리는 어마어마한 성취입니다. 원하지 않는데 태어나는 것보다 더 나쁜 것은 없습니다. 어머니가 낙태하는 데 실패해서 그들을 세상에 태어나게 했다는 것을 알게 되어 학대받는 아이들이 얼마나 많습니까! 이런 비밀은 언제나 그들이 무섭게 생각하는 사람들로부터 그들의 귀에 전해집니다.

■ 통신 기술에 관해서도 같은 말씀을 하시겠습니까?

어떤 순간에라도 PC나 매킨토시의 소박한 사용자가 가입 신청을 함으로써 미국의 국회도서관을 가득 메운 책들의 바다를 헤엄칠 수 있다고 스스로에게 말할 수 있고, 또 반복하여 말할 수 있는 것은 정말 얼마나 매혹적인 일입니까! 때때로 장 폴 사르트르·앙투안 로캉탱을 연구하는 독학자가 범세계적 찬란한 개화에 참여하고 있는 듯한 인상을 받습니다. 내일, 명성을 희구하는 교수 자격을 갖춘 어떤 젊은이가 갈리마르 출판사를 통해 《사이버 구토(嘔吐)》를 발행할지 누가 압니까? 우리 사회는 모두에게 동등한 지식으로의 접근이라는 공화주의적 학자들 세대에 의해 배양된 꿈의 갑작스러운 완성으로 끝날지도 모르지 않습니까? 이것에 더하여 지구촌 규모로 현재에도 벌어지고 있는 토의들에 참여할 수 있도록 제공된 가능성을 덧붙일 수 있습니다. 선생은 미국식으로 재구성된 고대 로마 형식의 포럼에서 전세계적 아고라 방식으로 민주적 신화가 구체화되는 것을 보고 있습니다. 인터넷의 어떤 사용자도 전자우편——얼마나 빠른지!——이나 자료찾기——얼마나 풍부한지!——와 관련하여 매일 얻게 되는 이익들을 정말 부정할 수 없을 겁니다. 이 도구가 인식론적 혁명, 혹은 지식에 있어서 급격한 변화의 전령사라는 생각에 대해서는 거의 검증할 필요가 없을 것입니다. 탐구라는 단어는 남용되어서는 안 됩니다. 그것은 모든 새로운 지식의 생산에 해당되는 것과는 동떨어지게, 아주 다양한 현실과 관련되어 있기 때문입니다. 그런데 그와는 반대로 발견해야 할 보물, 탐색하고 개발해야 할 정보의 총체로서 지식에 대한 가장 전통적이고 가장 보수적인 이미지로 강화되어 있는 것 같습니다. 과학 발명 사상의 대범함, 이 대범함으로 실험이라는 테스트를 거치게 한 현상들의 측정 과정에서 헤매게 되는 위험은 화면에 표시되지 않습니다. 이미 획득되고 포장될 준비가 됐고, 결합되고 조작되며, 주문에 배달될 준비가 된 결과만이 거기에 나타납니다. 확실성을 소모시키면서 목표를 구성해 가는 고집 센 사고의 열정이 거기에는 나타나지 않습니다. '사이버 세계'는 그곳을 지배하고 있는 모든 동요에도 불구하고 차가운 세계로 소개되고 있습니다.

새로운 과학을 추진하지 않는다면, 통신망의 대규모적 사용으로 인해 적어도 지식과의 새로운 관계가 만들어지지 않겠습니까?

교육적이고 문화적인 자료들의 첫번째 신선함은 통신망이 열어 놓은 자료와 음성·화면을 연결하는 멀티미디어적 특성에 있습니다. 두번째는 인터넷이 이 자료들을 특징짓는 대화의 상호 교류를 확장시켰다는 것과, 사용자에게 프로그램의 진행을 변경할 수 있게 할 뿐 아니라 프로그램 자체를 바꾸도록 개입하는 것이 가능하게 했다는 데 있습니다. 사람들이 나에게 말해 준 바에 따르면, 이것을 상호 창의성이라고 부릅니다. 어쨌든 이 창의성을 책이나 교과서로 시작하는, 소위 단조로운 소비라고 일컬어지는 전통적 미디어를 이용하는 사람의 가정된 수동성에 대립시키는 것은 사실입니다. 동시에 이런 창의성으로 인해 전통적 교육에 반항적인 학생들의 관심을 사로잡는 데 적합한 것으로 밝혀진 교육 방법의 개별화를 조장하는 것이 아니겠습니까? 그러므로 교육 제도의 전세계적 황폐 상태를 고려해 볼 때, 이런 교육이 대중의 손이 미치는 범위에 있게 해야 할 것입니다. 가능한 한 빨리 이런 기술적 혁명을 이용하여, 우리가 사는 세기에서는 결코 성취시킬 줄 몰랐다 하더라도 끊임없이 꿈꾸어 온 대대적 교육 개혁을 시행해야 할 필요가 있을 것입니다. 사람들은 교사들이 좀더 겸손한 스승으로서의 역할을 택할 수 있기 위해서는 교사들 자신이 지배자가 되기를 더 이상 원치 않아야 한다고 요구합니다. 학생들 각자가 좋은 원거리 프로그램을 통해 그 자신이 찾아야 하는 길에 교사들이 단지 함께 함으로써 자기 학생들을 가르치는 것을 받아들인다면 어떻습니까? 컴퓨터의 키보드를 누르면서 자신의 교육 과정을 '자기 마음대로' 변경할 수 있는 것에 감탄한다고 할 때, 사람들은 이런 자유로움에 대해 자축하지 않겠습니까? 그러나 이렇게 상호 대화라는 프로그램으로 한 학생의 활동을 담보로 삼을 때, 사람들은 빈말만으로 만족하지 않겠습니까? 사실 정확히 말해서 언급된 이 활동이, 그렇지 않으면 문자 그대로 자기 자신의 교육 과정이 스스로를 가르치기 위해서입니까, 외부 세계에 맞설 수 있도록 필요한 지식을 내적으로 갖추기 위해서입니까?

■ 선생님의 책을 이미 읽은 사람들과 의견을 교환하기도 하십니까?

가능한 한 자주 내 책을 읽은 사람들뿐 아니라 내가 어떤 글을 쓰는지조차 모르는 사람들과도 의사 소통을 하는 데 신경 씁니다. 나는 아주 젊은 나이에 반응이 좋았던 책들을 출판할 수 있는 행운을 가졌습니다. 그것이 어느 정도까지 사람들과의 관계를 왜곡시키게 했는지를 보았습니다. 삶에 있어서 가장 중요한 것들 중 하나는 적어도 부분적으로나마 세상과의 나눔이 가능한 몇몇 사람들을 찾아낼 줄 아는 것입니다. 선생이 당장 나에게 지구 전체를 선물한다면 고마울 겁니다. 그러나 나에겐 너무 과분한 일입니다. 잘 이해된 인터넷의 사용이 그 정도로 유용한 것으로 밝혀진다 하더라도, 인터넷이 사용자 각자에게 제공하는 상황에 내재된 위험을 과소 평가할 수는 없을 것입니다. 대중적 영상 기술은 잘 선택된 단어로 웹의 '범법(犯法)'이라는 말로 표현하면서 이 위험을 명명하고 있습니다. 사실 심리학자들은 인터넷 사용자들이 그들의 도구에 대해 구경거리가 될 정도의 의존성 관계를 연구하고 있습니다. 그들이 나타내는 '통신상에서의 자기 만족'은, 사이버 세계에서 일어나는 일상적 지각(知覺)에 대해 전형적인 공간 해체가 관련된 것이 아닙니까? 절대 권력에 대한 인간의 낡은 꿈을 컴퓨터로 관리하고 작동하는 유일한 방식으로 움직이지 않은 채, 화면에 고정된 상태로 끊임없이 돌아다니는 공간 앞에서 그들을 점령하고 있는 황홀함을 알리는 것이 합당한 일입니까? 혹은 각각의 사용자가 자기 자신에 대한 모든 부족·종교·성적 특징들을 뒤져 가면서, 그가 움직이고 있는 세상을 사라지게 할 거라는 가능성으로 화면 앞에 있는 것입니까? 많은 전조들을 통하여 심각한 외로움이 사이버 세계에 뻗어 있다는 것을 사람들은 이미 알아차리기 시작했습니다. 그들의 이웃과의 물리적 접촉에서 몸과 영혼이, 사랑과 미움이 존재해야 하는 현세상에서 고통을 느낀다는 염려로 마음이 움직여진 비탄에 빠진 사람들이 점점 더 많이 거대한 통신망과 관계를 맺으러 옵니다. 이처럼 인터넷이 익명의 정체들의 차가운 결합으로 통신상에서 신비스러운 일종의 금욕자를 거느리게 된다면 주의해야 할 필요가 있을 것입니다.

마찬가지로 비합리적인 것을 참조하면서, 그들 자신의 계산 프로그램이나 합리적 믿음에 부합하지 않는 모든 것을 그들 자신의 영역 밖으로 던져 버리는 과학자들을 사람들은 비난할 수 있습니다. 동시에 한스 요나스의 의견에 따라 이 두려움의 윤리를 사용하는 사람들에 대해 선생님은 또한 비판적입니다. 선생님 저서가 《두려움에 대항하여》라고 불리기 때문에 드리는 질문인데, 선생님께 두려움의 윤리는 무엇을 의미합니까?

1989년에 씌어진 책에 나는 《두려움에 대항하여》라고 제목을 붙였는데, 이것은 내가 요나스의 책을 읽기 전이었습니다. 모든 인간에게 내재돼 있는 두려움, 결국 '자신의 모든 욕망을 죽음의 우울함으로 물들이는' 것으로 끝나게 되는 그 두려움은 어디에서 비롯되는 것입니까? 노인 에피쿠로스는 자연의 거대한 힘 앞에서 인간이 느끼는 나약함을 말하였습니다. 이처럼 죽음에 대한 두려움이 다른 모든 것들의 원형처럼 어린 시절의 어두운 밤, 머리에서 떠나지 않는 환영들에 대한 두려움이 전투원의 뜨거운 눈초리에서 번뜩이는 그것처럼 보입니다. 두려움은 마비시키거나 미칠 지경으로 만들고, 대경실색하게 하거나 도피를 조장하기도 하고, 때로는 미리 도피해 버리게 합니다. 이 두려움은 존재 전체를 사로잡거나 속박합니다. 그래서 이 두려움은 그로 하여금 자신의 가능성을 펼쳐 보이지 못하게 합니다. 두려움은 이런 무력감을 느끼게 한 책임자로 간주된 보복하는 사람들에 대해 증오감을 불러일으킵니다. 아주 이성적인 것 같아 보이는 두려움의 윤리는 이렇게 치명적임을 보여 줍니다. 게다가 윤리가 근본적인 것으로 확인된 악, 즉 여기서는 과학·기술 혹은 소위 기술과학과 관련하여 거리를 둔다는 것으로 요약되는 것을 말합니까? 반대로 윤리란 죽음을 포함하여 전부로 간주되는 인간 조건의 개념을 가리키는 선에 대한 생각에 따라 각자의 삶을 지배하는 규칙과 규범을 조정하기 위한 '노력'으로 항상 소개되지 않습니까? 이런 생각에 따라 과학과 과학의 시행은 평가되어야 합니다. 어떤 계열의 연구를 촉진해야 합니까? 어떤 총체적 시행을 추구하거나 금지해야 합니까? 그러나 약 2천 년 동안 과학적 사고는 인간 삶의 조건의 전체에 속하며, 그래서 어떻든간에 그것은 인간 삶의 조건을 수정하는 가치를 자리잡게 했습니다. 그러므로 자기 자신에게 길을 여는 기술, 그것은 어렵게 공유된 자유에 관한 전망과는 다른 전망을 알고 있다는 것입니다.

▌1992년 리우데자네이루 회의 폐막에서 하이델베르크 호소문에 서명한 4백25명의 과학자들에 대하여 선생님은 적지않게 거리를 두셨는데요……

나는 하이델베르크 호소문에 서명했던 대다수의 프랑스 과학자들에게 내 책을 보냈습니다. 나에게 동의한다는 많은 회답을 받았습니다. 그들은 과학을 위해서인가, 환경을 위해서인가 하는 형태의 딜레마적 명령에 복종했던 것 같다는 느낌이었다고 합니다. 과학은 환경 문제의 해결에 기여할 수 있고, 또한 기여해야만 하지만, 그러나 환경 문제는 과학적 성질의 문제가 아니기 때문에 과학 학문의 발전으로 해결될 수는 없습니다. 그것은 지구적 차원에서 경제적 관계를 포함하는 넓은 의미로 정치적 문제로서 제기되어야만 합니다.

■ 디드로 연합회에서 선생님과 가장 가까운 대화 상대자는 어떤 사람들입니까?

디드로 연합회는 이미 15년 전에 나의 가장 오래 되고 가장 가까운 친구들 중 한 사람인 뇌병리학자 알랭 프로시앙츠와의 긴 대화에서 나온 것입니다. 우리는 과학자들이 그들 연구의 기술적 과정을 항상 지지하는 생각을 명시하도록 격려하고, 그들이 알고 있는 것에 대해 생각하고 있는 것을 글로 표현하도록 그들을 초대하기를 바랐습니다. 개인적 경험으로 볼 때, 이런 방법을 통해 과학과 철학이 서로에 대해 모르는 척하고 비방하기보다는 서로 가까워질 수 있다는 확신이 있습니다. 이런 기초 위에서 물리학자 프랑수아즈 발리바, 수학자 질 샤틀레를 시초로 하여, 시간이 지남에 따라 우리 옛 제자들 중 몇몇 철학자와 물리학자·생물학자 등 많은 과학자들이 합류하였습니다. 이러한 활동을 통해 우리에게 마련되어진 만남은 공동 작업의 대규모 국제적 조직을 형성하게 되었습니다. 이 모든 것이 인간적 시도에 어떤 영속성을 부여할 수 있다고 하는 유일한 생각을 근거로 하고 있습니다.

■ 오늘날 사람들은 과학 문화의 부재에 대해 대단히 불평합니다. '별들의 밤'·'축제중인 과학' 같은 과학 대중화를 위한 결합, 혹은 라 빌레트에서 행해지고 있는 방송에 대해 선생님은 어떤 시각을 갖고 계십니까? 이런 시도들이 흥미를 끌 만하다고 생각하십니까?

말씀하신 대로 드러난 것들, 암시하고 계신 그런 방송들은 비전문가들에 비추어 볼 때, 높은 담장의 보호 아래 지나치게 비밀스러운 취향을 배양하고 있던 세계를 개방시킨다는 커다란 이점이 있습니다. 그러나 사람들은 대규모의 기구들이나 홀

룽한 실험실 같은 보여지는 것만을 너무도 자주 강조한 나머지 흰색 작업복에 대해서는 말하지 않습니다. 또한 잘한다고 하는 경우에는 보여 주기 위해, 때로는 ' 질문하기 위해 청중이 장소를 이동하도록 초대하는 것으로 만족합니다. 그러나 과학적 사고 방식은 기계 장치에 핵심이 있는 것이 아니라는 바를 어쩔 수 없이 실감합니다. 현실주의적으로 타당한 염려는 실제 연구에 있어서의 힘든 재정적 현실을 감추지 않도록 유도하는 것임에도 불구하고 그것들은 오히려 개척한 것, 화려한 결과, 관심을 끄는 영광스러운 전망들입니다. 연구자들이 자신의 실패 · 실수 · 모색 · 번민과 기쁨을 또한 표현할 수 있는, 솔직하게 개방된 그런 날을 꿈꿔 봅니다.

지식의 발전과 도덕적 진보

과학사는 프랑스의 특수성입니다. 쿠아레·바슐라르·캉길
렘·다고녜 그리고 선생님 자신이 그 증거입니다. 프랑스에
서 이런 독특함이 미래에도 여전히 유지되고 과학 문화에 더
나은 접근을 장려할 수 있다고 생각하십니까?

프랑스에는 한 학파로, 그렇지 않다면 적어도 과학사를 연구
한다는 것이 발명과 기술에 관한 연대기를 만드는 것으로 요
약되는 것이 아니라, 개념을 형성하고 과학적 대상을 문제화하
는 것으로 간주하는 전통이 있다는 것은 부정할 수 없는 사실
입니다. 이런 역사는 연구에 대해 과학적 사고로 철학적 비약
을 제시하여 연구자들로 하여금 실제적 장애, 현대과학에 대립
되는 생각을 적극적으로 극복할 수 있도록 도와 줍니다. 이런
방식으로 과학사를 공부하는 일이 고등 교육에서 갇힌 상태로
행해지고 있고, 아직은 중등 교육에 침투되지 못한 상태에 있
습니다. 프랑스에서는 다행스럽게도 최종 학년에서 철학 교육
을 시행하고 있습니다. 이런 상황은 다른 어느 나라에서보다 정
리(定理)와 증명이 의존하는 개념화에 대한 성찰이 동반된 학
문 교육을 발전시킬 수 있는 가능성을 제공할 것입니다. 이 교
육은 분명 단순한 서론으로 그쳐서는 안 됩니다. 반대로 과목
들을 총체적으로 다루는 방법을 재검토해야 합니다. 이것은 개
혁이 한번은 교육 내용을 대상으로 삼아야 한다는 것을 가정
하는 것입니다. 그렇다고 이것이 당연한 일은 아닙니다. 행정
가들은 새로운 인상을 주는 교과들을 배열하기도 하고, 전과
(轉科) 제도, 교육 과정 같은 것을 개발해 내는 사람들이기는
하지만, 흔히 교육 내용은 옆으로 제쳐 놓습니다. 만일 이런 방
향에서 일을 착수하기로 결정한다면, 과학적 사고를 철학 교수

양성에서 가장 최신의 현대적 관심사를 반영해야 하고, 가장 진지한 역사적 재고를 고려해야 한다는 이중의 염려로 표현하고 있는 그들을 위해 특별히 고안된 과학 교육을 도입해야 할 것입니다. 거꾸로 우리의 과학 동료 양성에 과학철학사 교육을 통합시켜야 할 것입니다. 이런 식으로 구상된 독단적이지 않은 교육이 과학 문화에 진정한 변화를 자극하게 될 것인데, 이런 교육이 점점 더 가까운 미래에 고등학교 최종 학년의 모든 수업 내용에 영향을 미치게 될 것이기 때문입니다. 이것은 학생들의 발명 정신과 예지력을 자극할 수 있을 것입니다.

어떻게 과학철학이 이 정도까지 연구의 미래와 기술적 선택에 관한 대규모적 토론에서 빠져 있을 수 있습니까?

이런 부재와 관련하여 나는 중요한 두 가지 동기를 고려해 보려고 합니다. 첫째는 연구와 개발의 결정 과정에 대한 현대적 개념에 달려 있습니다. 정치 권력은 전문가들에게 맡길 수 있다고 생각합니다. 제2차 세계대전 직후, 이 전문가들은 주로 과학행정가들 중에서 모집되었습니다. 대부분 구식 연구가들이었던 이들은 과학 제도의 현실을 알고 있었으나, 그들이 실행하는 논리는 합리적이고 효과적인 행정 논리에 국한되었습니다. 함축된 그들의 철학은 우리가 이미 말했던 미래 연구에 대한 즉각적 실증주의로 구성되어 있습니다. 한 마디로 잘라 말하면, 나는 철학이라는 단어 자체가 그들을 화나게 한다고 여러 번 생각했습니다. 두번째 동기는 과학철학자들 자신에게 달려 있습니다. 형식주의와 그들 중 대다수의 논리적 방식의 전문성이 그들을 이런 질문에서 멀어져 있게 하는데, 그들은 사회학자와 경제학자들에게 이런 질문들을 맡길 수 있다고 생각하고 있습니다. 인식론의 불행입니다!

■ 그렇다면 현재의 연구 조직이 선생님께는 충분해 보이지 않습니까?

경직된 지적 순응주의가 어떤 점에서 일정한 형식의 연구 조직으로부터 태동하게 되었는지를 밝히기 위해서는, 미안합니다만 얼마간의 과학사를 조사해 보는 것보다 더 좋은 것은 없습니다. 1912년 독일의 기상학자 알프레트 베게너는 대륙표이설(大陸漂移說)을 최초로 제기했습니다. 그의 각본은 당시 지질학자 사이에서 지배적이던 이론, 즉 대륙과 대양은 원래 융합 상태에 있던 지구가 일그러진 후의 여파로 인해 지표면에 생긴 거대한 함몰이 있었을 때 나타났다는 이론에 반대되었습니다. 베게너의 연구가 확립된 기존 이론에 반대하는 것이었기 때문에 그는 죽어서까지, 내세에서조차 거부되었습니다. 마침내 판구조론이 승리를 거두게 된 거의 1970년까지 그랬었지요. 달리 말해서, 그가 열어 놓은 연구 방법들이 거의 모든 지구물리학자들에 의해 40년간 추방되고 무시되었던 것입니다. 그 기상학자는 지질학자들의 영역에서 무엇을 하려 했던 것일까요? 이미 제도적으로 과학을 구분하는 일이 작용해 왔던 것입니다. 제2차 세계대전 동안 미국에서는 새로운 과학 조직이 자리를 잡았습니다. 그 기초에는 최초의 원자폭탄을 생산하려는 맨해튼 계획이 포함되어 있었습니다. 이례적인 성공을 거두게 된 강력한 응용물리학 프로그램이 세계적 차원에서 전형으로 사용되었습니다. 일의 전문화에서 절실히 요구되는 합리성으로 인해, 기초 연구에 있어서 필수적인 연구자들의 자유로운 상상력이 그때 불쑥 대두되었던 것입니다. 도구로서 또한 행정상의 이런 합리성은 내가 방금 말했던 새로운 사회 계층, 즉 과학의 행정가들을 등장시켰고 또 그것을 촉구하였습니다. 그들의 눈에는 과학이 사회적 요구에 부합해야 한다는 것입니다.

█ 그들의 눈에는 그렇다 하더라도, 여론은 과학적 연구의 주
█ 요 기능이 기술·산업 혁신을 통해 경제·사회 발전을 만
들어 내는 것으로 믿고 있습니다.

여론이란 것은 과학에 대해 합의된 말을 단지 반영하고 있
을 뿐입니다. 그것은 마치 연구에서 기대할 수 있는 효용성만
이 어떤 계획의 구상을 지배해야 한다는 것과 같습니다.

█ 어떻게 하면 기술과학의 강요에 대항할 수 있습니까?

이 조직과 그 요청들이 빚어내는 순응적인 태도에 대항하기
위해, 과학이 점점 더 종속되고 있는 경제적·재정적 권력에
직면하여 자율성을 보존하도록 끊임없이 경계해야 합니다. 그
렇지만 연구에 있어서 국가 역할에 대한 옛 소련식 구상이 미
국식 유형에 대항할 수 있는 유일한 방법이라고 생각하는 일
만은 그만둡시다. 대중의 권력이 거대한 계획으로 인도한다는
것은 경제적·사회적 발전에 대한 보장이 아닙니다. 국가의 필
수적 역할은 아무것도 아닌 것으로, 혹은 예상한 것과는 다른
것으로 이끌 수 있는 연구에 투자하는 위험을 무릅쓰면서 독
창적인 계획들을 장려하는 것일 수 있습니다.

█ 독창적인 계획들의 예를 좀 들어 주실 수 있습니까?

수많은 예들 중 생체과학과 수학의 접목에 위치한 연구 계
획들을 생각할 수 있습니다. 그것은 유전자를 위한 수학적 모
델이나 생체 발전을 이해하기 위한 새로운 유형의 형태학에 대
한 연구, 혹은 천체물리학자가 소립자 운석에 관한 연구로서 생
물학을 결합시키는, 즉 대기권 밖에 있는 지성의 소유에 적용

시키는 것과 같은 연구에 관련됩니다. 간단히 말해서, 한 학과의 최첨단이 학제간 교환을 요구하는 것처럼 보이는 위험한 연구들입니다.

기술에 관련된 질문에 접근할 때 놀랄 만한 것은 기술을 과학과 혼동하는 경향이 있다는 것과, 기술의 혁명을 점점 더 피할 수 없는 운명으로 소개한다는 것입니다. 고속도로식 정보나 CD-Rom에 대해 이야기할 때, 어떤 정치적 관련 없이 흔히 발전 그 자체로서 그것을 소개합니다.

시민들 대다수의 눈에 과학이라는 단어는 사실 기술적 실체와 관련하여 이야기되고 있습니다. 여론 조사에 나타난 학자의 모습은 흔히 기술자나 의사의 모습에 아주 가깝습니다. 컴퓨터가 현대과학의 상징입니다. 과학에 부여된 판단은 주로 우리 문화와 문명에 대한 기술적·산업적 혁신의 결과들에 맞춰집니다. 종종 제기된 질문들——우리는 자연보호환경주의자들의 경우에서 그것을 환기시켰습니다——은 이런 혼동으로 인해 부분적으로 비뚤어져 있습니다. 게다가 철학자들은 과학과 기술이 불가분한 것이 되었다고 확언합니다. 이런 결합이 우리 사회에서 너무도 완벽하게 실현될 것이기에, 그들은 그 이후로 기술이 과학의 명령하에 있다는 것을 명백히 의미하는 과학-기술이라는 단어를 만들기까지 하였습니다. 이 어휘는 성공을 거두었지요.

선생님은 과학과 기술 사이에서 어떤 구분을 하십니까?

과학에는 연구자들이 새로운 지식을 생산해 내고, 알려진 것의 경계를 항상 뒤로 밀어내는 것을 유일한 목표로 삼는 하나의 영역이 존재합니다. 연구자들은 모르던 것에서 그들이 이미 알고 있는 것에 따라 오늘날 알 만한 것으로 평가하는 부분을 결정하는 것을 목표로 삼습니다. 이 분야는 기초적·이론적 혹은 실험적 연구 분야입니다. 바슐라르는 그것을 다음과 같이 지적합니다. "만일 인간 활동에서 발전 속도를 부정할 수 없는 어떤 한 분야가 있다면, 바로 이것이다." 지식은 점점 더 많아지고 점점 더 잘 조정되고 있습니다. 대기업에서 생산한 기구들을 사용한 실험적 조립이 그 지식들의 발전에 작용하는 것은 사실입니다. 현재 이런 상황은 생물학에서나 물리-화학 학문 분야에서 우세한 상황입니다. 그러나 예를 들어 미립자와 관련하여 물리학이 큰 가속 장치를 사용한다는 사실로 인해 과학은 거기서 기술의 하녀, 즉 단순한 부속물에 불과한 것입니까? 비록 그것들이 어마어마한 투자를 요구한다 하더라도, 또한 그것들의 조정과 발전이 첨단 산업에서 기인한 것이라 하더라도, 그래도 이런 도구들은 그것들을 시험하는 물리 이론의 기능에 따라서만 존재합니다. 이들의 목적은 에너지나 인류의 공동 사용을 위한 서비스를 생산하는 데 있지 않고, 새로운 지식을 만들어 내는 데 있는 것입니다. '물질화된 이론'으로서 과학적 도구에 관한 바슐라르의 유명한 분석은 언뜻 보아도 그 시사성을 전혀 잃고 있는 것 같지 않습니다. 기술에 관하여 말하자면, 그것은 다른 형태의 현실이나 세상에 대해 솜씨 있게 행동하고, 세상에 대한 어떤 지배력을 쟁취하기 위해 세상과 함께 속임수를 쓰는 또 다른 방법입니다. 기술은 그 자신에 대해 선임자라는 특권을 갖고 있습니다. 과학은 기술의 능력을 증가시키기 위해 그 과정 속에 단지 뒤늦게 개입될 뿐입니다. 이런 관점에서 산업 혁명의 한가운데 있던 증기기관의 역사는 관심받을 가치가 있습니다. 사람들이 열역학이라고 학문화하기 전에 기계가 존재했고, 또한 잘 작동하고 있었다는 것을 사람들은 알고 있습니다. 과학은 때늦게 개입한 것입니다. 기술자들이 부딪친 기술적 어려움을 목표로 삼았던 과학은 이론적으로 그것에 대해 이해할 수 있게 되었고, 그리고 나서 기계들의 힘을 발전시키는 데 사용할 수 있었던 것입니다. 내가 보기에는 유명한 카르노의 《회상》을 읽는 것이 다른 어떤 것보다 배울 것이 더 많은 것 같습니다.

■ 《과학과 과학들》에 대한 그 자신의 책에서 질 가스통 그랑제는 과학의 진보와 발전은 해결의 연속만큼이나 잘 제기된 일련의 문제들이라고 말합니다.

어떻게 동의하지 않겠습니까?

■ 교육과 영감에 관하여 바슐라르 철학주의적 경향의 선생님께서는 과학 발전의 주된 특징이 어떤 것이라고 생각하십니까?

나를 부추기니까 하는 말인데, 바슐라르를 인용하게 해주십시오. 1949년 《응용합리주의》에서 그는 선생께서 하신 그 질문에 대해 하나의 답을 제시하고 있는데, 그 답 주변에 그의 모든 인식론적 연구들이 모여들 수 있습니다. 과학적 정신의 활동을 특징짓는 것은 바로 수정(修整)입니다. "마찬가지로 과학의 목표는 수정할 예비 구조, 강화시켜야 할 구조에 대해 단지 가르치는 역할을 할 따름입니다." 이 예비 구조란 그가 '문제제기'라고 부른 것으로, "교육적이기를 바라는 모든 경험보다 앞서는 것으로 확정된 것입니다. 이 문제 제기는 구체화되기 전에 특정한 의문, 알아야 한다는 목표에 의해 명시된 의문을 기초로 합니다." 이처럼 수정은 점점 더 긴밀하게 조정되는 개념들의 기초 위에 실현되는 끝없는 연구의 전문화를 명령하고 있는 것입니다. 이것은 결코 과학 과목들의 분산이라든가 해체로 풀이되는 것이 아닙니다. 그와는 반대로, 오늘날 소위 어려운 과학의 전문가라는 사람들이 학제간의 개념 조정 상태를 계속해서 서로 유지하고 있는 것을 의미합니다. 언급한 학제간 연구를 해야 할 일로서 파악하는 유일한 사람들은, 결정된 바에 따르면 인문-사회과학에 있는 연구자들입니다. 그 이유는 아마도 정해진 학과목들 내에서 개념화가 같은 정도의 성숙도에 도달하지 못했기 때문인지도 모르고, 또한 모방이라는 염려 때문인지도 모르겠습니다.

흔히 인식론자들의 문체에서 망각이 과학을 만든다는 글을 읽곤 합니다. 화이트헤드는 "창시자를 기억하는 데 주저하는 과학은 비난을 받는다. 그러나 그 창시자를 잊는 데 머뭇거리는 과학 또한 비난받는다"라고 말하였습니다. 이렇게 거슬러 올라가는 방식을 전제하는 과학 발전 사상을 유지하는 것, 동시에 망각이 과학을 만들 것이라고 확언하는 것은 모순되지 않습니까? 이것은 과학이 앞으로 나아가기 위해서는 자신의 과거를 잊을 필요가 있다는 것을 의미하는 것입니까?

사실 특히 반세기 동안 수학이나 물리과학은 그것의 과거, 또한 그것의 최근의 역사조차도 제도화된 망각에서 이루어진 것입니다. 예를 들어 수학 교수자격시험에서 3년 이상 된 낡은 기사를 인용하는 것은 품위 있는 일이 아니라고 누군가 나에게 말한 적이 있습니다. 이런 청산은 부정할 수 없는 장점들을 제공합니다. 과학 발전은 영구적인 교정 과정에 해당되기 때문에 연구자들은 시대에 뒤처진 이론, 사용되지 않는 실험 혹은 신뢰가 떨어진 개념에 대해 당황해 할 필요가 없습니다. 그러나 동시에 일정한 수의 개방된 질문들이 잊혀진 상태로 있을 수 있는데, 그것은 해답을 제시하는 데 성공하지 못했거나, 해답이 거짓이라고 밝혀졌기 때문인 경우입니다. 또한 이런 망각은 연구자들의 연구 방식을 짓누를 수 있습니다. 예를 들어 소용돌이 현상이 혼돈이라고 불리는 이론의 기초에서 20세기초에 앙리 푸앵카레와 자크 아다마르 같은 프랑스의 수학자들에게 매우 명백한 연구 대상이 됐었다는 것을 물리학자들은 오늘날에야 발견하기 때문입니다. 결정론적 혼돈이라고 (잘못) 불린 현상들과 관련하여 그들이 제기했던 질문의 이점을 사람들은 60년이나 걸려서 재발견하게 된 것입니다! 5,60년대 동안 생물학을 점령했던 분자열의 결과들 몇몇 가지에 대해서도 마찬가지입니다. 라몽 이 카잘의 작품처럼 중심 뇌조직에 관한 연구가 부당하게 잊혀진 작품들을 재발견하도록 연구자들을 이끌 때까지, 30년 이상 동안 발전 영역과 발생학 분야에는 후속 연구자가 없는 상태였습니다. 그러므로 발전하기 위해서 과학은 분명 잊어야만 합니다. 또한 잊을 줄 아는 것이 필요합니다. 과학은 유용한 망각과 진행을 늦출 수 있는 망각 사이를 분배할 줄 알아야 합니다. 유용한 망각은 잘못된 결과에 적용되고, 진행을 늦추어야 하는 망각은 해결되지 않은 채로 남아 있는 문제들에 적용됩니다.

상기했던 과학사가 연구자들로 하여금 그들의 가정을 재구성하도록 도와 줄 수 있지 않겠습니까?

과학사라는 말을 어떻게 이해하는가에 모든 것이 달려 있습니다. 만일 그것이 단순히 연대를 정하고 신뢰할 만한 자료를 만드는 것에 관련된다면, 과학자들은 그것을 통해 그들의 연구에서 이익을 볼 수 있는 그 어느것도 기대할 수 없을 겁니다. 캉길렘은 이것을 야유적으로 '골동품 수집상 역사'로 불렀습니다. 이것은 역사적 연구에 관한 어떤 실증주의적 사상과 비교적 잘 어울립니다. 과학사는 오랫동안 학자들의 여가 시간에 나타내는 지적 호기심이나 학문에 대한 매력으로 간주되어 교양 있는 아마추어 학자들의 장기(長技)로서 낡은 학문의 한 가는 줄기로 여겨졌습니다. 어떤 경우에는 '선구자들'이 몹시 기뻐하는 발견에 관련된 사변적 이득을 과학사로부터 얻게 되기를 사람들은 희망했는데, 선구자로 불리는 이 가상의 영웅들은 과학사를 시작조차 하기 전에 실험의 최종 목표에 도달할 수 있기 위해 창의적 사고에 소요되는 고된 시간을 망쳐 버릴 수도 있습니다.

사모스의 아리스타르코스: 고대의 코페르니쿠스: 모페르튀: 계몽주의자들 가운데서 멘델; 라마르크: 다윈보다 앞섰던 다윈. 프랑스의 18세기가 주도했던 인간 정신의 이러한 진보에서 철학적 기념이라는 거대한 형체를 뚜렷이 나타냈을 때만 과학사가 고려해 볼 가치가 있는 것처럼 보였습니다. 과학사가 20세기에 학문적으로 알려진 전공 과목이 되었을 때, 그것은 여전히 풍부한 학식을 보여 주는 단순한 학과목으로 비춰지고 있습니다. 학자의 모습이 웃음을 자아내는 지적 세계에서는 '그리스 과학'에 대한 폴 타네리의 위대한 작품들과 같은 방식으로 오래 된 자료의 수집과 발굴, 뒤섞인 연대기의 재정립, 즉 조르주 캉길렘의 화려한 연구《17 · 18세기의 반사 개념 형성》(1955) 같이 주목받지 못한 개념적 계열들이 정당한 가치로 평가받지 못하고 있는 작품들입니다. 사람들은 재정적 지원금은 주지도 않으면서 고물 수집상의 기쁨에서 온 것처럼 그것에 대해 조소합니다.

■ 우리는 위급함과 즉각적인 것의 지배에서 살고 있습니다. '더 많이 알아야 한다!'는 것이 매스컴 부류의 단어이지만, 어떤 목표로 그런 말을 하고 있는 것입니까? 시민들을 즉시 소비할 수 있는 해결책에 만족하도록 길들이므로 과학의 역할에 대해 시민들 자신이 숙고해 보지 못하게 합니다. 이것은 다음과 같은 사실을 의미하지만, 그렇다고 단지 염세주의자가 되지는 맙시다. 예를 들어 내가 그르멕 교수 같은 분을 생각할 때, 과학적 인간성이란 것은 조심스럽게 의과 대학들과 과학역사가를 떠올리게 되는데, 이것은 신문과 매스컴에서도 마찬가지로 그렇게 하지요.

그 점을 지적하신 것은 이치적입니다. 과학역사가들, 완전히 역사가로도 엄밀히 과학자로도 보이지 않는 이 잡종의 존재들은 최근 몇 년까지만 해도 시대에 뒤떨어진 부차적 부류에 속하는 것처럼 보였습니다. 얼마 전부터 더 이상 그런 상황은 아닙니다만. 이런 경멸적 판단의 원칙에서 과학사의 연구가 생생하게 살아 있는 활동에 직면하여 과학적 연구 자체로서는 어떤 유용함도 없을 거라는 사고가 있었습니다. 에르네스트 르낭이 그 점을 아주 잘 지적했던 것처럼 과학적 지식은 전망을 열어놓은 문제들의 통로를 통해 자신의 미래를 스스로 규정하지 않습니까? 이런 과정에서 과거란 항상 '추월된' 것입니까? 그렇지만 미국의 유명한 인식론자 토머스 쿤은 이 과목에 사람들이 제공하는 이점을 새롭게 하는 데 기여한 바가 큰데, 그는 1968년에 주저하지 않고 여전히 다음과 같이 쓰고 있습니다. "과학사와 관계가 있는 영역들 중 그것의 영향을 가장 적게 받는 영역은 과학 연구 자체이다." 오늘날 이런 판단은 시대에 뒤떨어진 것으로 보입니다. 미국 자체 내에서, 연구의 이익 측면에서 모든 각 과목들의 역사에 관한 연구를 권하는 연구자들이 많습니다. 고등 교육기관들이 그것을 인정하고 있습니다. 그렇지만 이런 완전한 의견의 전환은 틀림없이 20세기초부터 현대과학을 뒤흔들어 놓았던 연속 사건들로 설명될 겁니다.

■ 20세기 과학과 그동안 발전해 온 과학의 역사가 서로 영향을 주었다고 말씀하시는 것입니까?

한쪽이 다른 한쪽 없이는 어울리지 않는다는 것을 말하고 싶습니다. 그래서 이미 1905년에 알베르트 아인슈타인에 의해 제안된 번뜩이는 상대성 이론의 형성은 위대한 오스트리아의 물리학자 에른스트 마흐(《역학》, 1883)에 의해 잘 이끌어진 역학 역사의 비평적 분석에 포괄적으로 의존해 있던 것 같습니다. 아인슈타인은 자신이 빚지고 있음을 잊지 않고 강조하였습니다. 마흐는 그에게 2세기 동안 공식적 '뉴턴주의'로 파묻혔던 뉴턴의 진짜 사상을 재발견하게 해주었습니다. 뉴턴은 '만유인력의 힘'의 본질은 불가사의한 신비라고 말하고 또 반복하였습니다. 어떻게 말하면 신을 찬양함으로써 '우주의 주'인 유일한 신에게 호소하는 것이 그로 하여금 이 신비를 해결할 수 있게 해주었던 것이지요. 그리고 절대적 공간과 시간의 개념은 이 '해결'에서 떼어 놓을 수 없는 것입니다. 위대한 영국의 물리학자가 살아 있을 때부터 물리학의 중심에 자리잡은 이 그림자를 '잊어버리는' 일에 마음이 사로잡혔습니다. 프랑스의 물리학자 조제프 루이 드 라그랑주(1736-1813)에 의해 구축되었던 것처럼 고전역학의 위대한 기념물들은 인력의 힘을 '물리적으로 통과하는' 힘이 아니라 물리적인 힘으로 다루었습니다. 그 결과 범주 내에서 움직이는 것으로 간주되었던 '사물들'과 같은 자격에서 절대적 시간과 공간이 당연한 현실로 인정되었습니다. 아인슈타인은 맥스웰의 고전 전기역학의 범주에서

빛 이론에 영향을 주었던 어려움들을 해결하기 위해, 공간-시간 개념을 진척시키기 위해 그때까지 일자리가 없던 수학자 베른하르트 리만의 대담함을 유리하게 이용할 수 있었습니다. 과학역사가의 진정한 연구가 인류 역사의 중요한 지적 탐험들 중 하나에 이르렀던 것입니다.

50여 년 전부터 현존하는 과학을 완전히 변화시킨 혁명에 대해 같은 증명을 할 수 있습니까?

그럴 수 있습니다. 그 이유는 이런 모험이 후고 드 브리스에 의해 그레고르 멘델의 업적을 재발견함으로써 시작되었기 때문이지요. 이것은 분자생물학의 출현보다 먼저 있던 역사에 대한 총체적 재검토를 통해 프랑수아 자코브의 '현존하는 논리'에까지 계속되었습니다. 생물학 역사가 샤를 생제에 의해 다음과 같이 표현된 견해에 빠져 있는 창의적 연구가들이 분자생물학에서는 거의 없었습니다. "만일 사람들이 몰두하는 과학 분야를 다소 폭넓게 확장시키기를 원한다면, 그 전망을 확실하게 하기 위해서 기초를 찾는 역사로까지 거슬러 올라가야 한다." 바로 이런 의미에서 가스통 바슐라르가 '과학사의 실체'에 대해 말했던 것입니다. 기념할 만한 이 강연에서 과학과 희망의 위대한 철학자는 과학이 과거와 맺어 온 특별한 관계로 관심을 이끌었습니다. 과학은 발전함으로써——또한 발전하기 위해——끊임없이 과거를 '판단' 합니다. 화학에서, 앙투안 로랑 드 라부아지에가 과학에서 '연소' 의 개념을 거침없이 삭제하는 것을 보게 되었다고 가스통 바슐라르는 말했습니다. 이런 보이지 않는 미세한 불 같은 물질이 그때까지는 모든 연소물들 중 은으로 간주되었습니다. 시대에 뒤떨어진 역사는 '연소' 가 강력한 '인식론적 장애물' 의 역할과는 다른 역할로 역사에서 작용할 수도 있었을 것이라고 합니다. 바슐라르는 불안한 열광된 우리의 영혼에 불꽃을 일으키는 불의 꿈들을 추상적인 용어로 해석할 수도 있었을 것입니다. 그러나 그것은 열의 원인으로 가정된, 역시 비현실적 유체(流體)인 '열' 같은 다른 개념들에서 온 것입니다. 비록 이런 개념들이 열역학의 발전으로 인해 거부되었다 하더라도 '언제나' 과학사에서 자리를 지켜 왔는데, 그것들이 새로운 법칙의 성립에 기여했기 때문입니다. 이 경우에 해당되는 예로 사디 카르노는 열역학의 두번째 원리를 표명하기 위해 이런 무질서한 개념에서 지지를 발견했습니다. 이런 의미로 정해진 과학에는 언제나 '실제의 과거,' 즉 미래를 사로잡으려는 생각으로 활약하는 과거가 존재합니다. 파리에 있는 과학사 연구소를 이끌어 가는 바슐라르의 제자였고 계승자인 조르주 캉길렘은, '과학의 과거'는 '과거에서와 같은 과학'이 아니라는 것을 보여 줌으로써 한 발짝 더 나아갔습니다. 실제로 한 예를 든다면, 현대결정학의 과거는 그때까지 흩어져 있던 광물학·자연과학사·기하학·기계공학에 관한 연구의 총체로 보였습니다. 좀더 멀리 나아가 봅시다. 과학 사상의 과거가 발전적 실현을 기대하면서 과거에서와 같은 과학 사상을 드러내 보이기보다는 오히려 19세기의 '과학주의'가 이 과학주의를 좀더 잘 찬미하기 위해 '과학'이라는 마스코트를 발명할 정도로 빠져 나오지 못할 만큼 과학과 철학이 뒤엉켜진 이론적 복합성을 보여 주고 있다고 하겠습니다. 그리고 나서 오늘날 보다시피, 그것은 위험을 무릅쓰고 집단적으로 비방받는 신랄함에 노출돼 있게 된 것입니다.

▪ 이 면담을 시작할 때 우리는 실증주의에 대해 이야기했습니다. 20세기말에 지배적인 것은 오히려 기술주의가 아니겠

습니까?

사실 과학에 대한 현대적 개념은 기술주의로 특징지어진 것으로, 즉 인간 환경에 대한 이해가 전적으로 기술의 진보 과정으로 인해 결정된 것처럼 보입니다. 이처럼 사람들은 기술적 진보로부터 '기술적 운명'이라는 이름하에 장 자크 살로몽이 제기한 진짜 운명을 만들어 냈습니다.

사람들 —— 결정자·노동자·소비자·사용자·시민 —— 은 새로운 기술 현실에 항상 적응하도록 독촉받고 있습니다. 또한 정치 자체는 기술적 진보의 요구에 응한다는 필요에 의해 지배되는 조정(調整)처럼 보입니다.

소위 이같은 운명에 대항하여 인류는 아직도 반응할 수 있다고 나는 판단합니다. 기술 본질 자체에 새겨진 일종의 숙명 같은 것이 존재하고 있습니까? 인류는 은연중에 그것에 굴복하고 있는 것입니까? 그래서 얼마나 많은 철학적 강연들이 천년기말에 종종 세상의 종말 같은 음조를 띤 극단적 비관론을 주장하고 있습니까! 사람들은 흔히 사악한 신학서(神學書)를 읽고 있는 듯한 인상을 갖고 있다고 시인해야 합니다. 어쨌거나 사람들은 그런 운명이라는 기원이 언제나 그렇듯이 무거운 책임에서 헐값으로 벗어나게 해줄 수 있다는 느낌을 갖지 않을 수 없습니다.

베르나노스나 자크 엘륄, 또한 그 무리에 속한 사람들에 의해 특징지어진 그리스도교적 반기계주의로 우리 시대는 명확해지고 있습니다. 반대로 이것은 기술주의의 다른 측면입니까?

물론입니다. 기계 장치 안을 두루 돌아다니러 온 것은 바로 악마입니다. 몇몇 사람들에게는 대단히 기쁜 일로 여겨지는 심한 공포의 광경들입니다.

이제 도덕적 진보에 관해 이야기해 봅시다. 진보라는 단어가 창조적 진화라는 단어와 어떻게 구분됩니까? 언제 인간이 자신의 역사에서 질적 도약을 통과하였고, 말 그대로 창조적 의미로 진화하고 있다고 말할 수 있습니까? 창조적 진화라는 베르그송의 철학적 꿈은 우리 귀에 아직도 반향을 울리고 있습니까?

젊은 시절에 베르그송은 스펜서의 철학에 대단히 매료됐습니다. 그는 《사상과 변화하는 것》의 첫부분에서 그것을 여전히 상기하고 있습니다. 그러나 그는 머지 않아 삶에 대해 아직도 기계적인 개념을 갖고 있는 거짓된 진화론을 발견하게 됩니다. 《창조적 진화》는 '창조의 요구'인 우주적 생명의 비약적 출현을 보여 주는 것을 전적인 목표로 삼습니다. 이것으로부터 자연과 그 역사에 대한 웅장한 통찰을 얻게 됩니다. 즉 "원래부터 생명은 다양한 진화의 계보 사이에 공유된 유일하고도 동일한 비약의 연속입니다." 또한 내적인 발전의 찬양은 인간을 탄생하게 하는 때까지 점점 더 복잡하고 점점 더 적응된 형태의 매개물을 통해 '점점 더 높은 생애'를 향해 생명을 실어나르는 것입니다. 진화는 보이지 않는 것으로, 최초의 충동으로부터 출발하여 영속적인 창조로 보여집니다. 인간과 더불어 진화는 창조물 자신인 것 같은 독창성을 지닌 한 종류를 탄생시킵니다. 이런 종류는 '지구에서의 삶에 대한 존재 이유'로 간주될 수 있고, 그러면서도 한없이 생명의 비약을 연장시키는 능력을 갖고 있습니다. 그렇지만 이런 종류를 다른 모든 종류들과 구분시켜 주는 것은 개성의 지배가 수립된다는 점입니다. 이런 인간적 개체들은 '그 자신을 능가하기 위해' 세상에 영향력을 행사할 수 있게 한 지성을 특히 발전시켰습니다. 이렇게 하여 그 진행 과정에서 인류는 '생명과 같은 방향으로 나아가고,' 그래서 '생명과 부합하게' 하는 직감을 발전시키는 것을 잊어버리게 된 것입니다. 《도덕과 종교의 두 원천》에서 베르그송은 영혼에 부가적인 것이 주어지지 않는 한, 정신의 실제적 발전이 균형을 잡을 수 없게 될 때 현대 기술의 발전이 끊임없이 사람의 몸을 무겁게 한다는 진짜 강박관념을 표현하고 있습니다. 베르그송은 다음과 같이 쓰고 있습니다. "인류는 자신이 이룩해 온 진보의 무게 아래서 반쯤 짓밟힌 상태로 괴로워하고 있다. 인류는 미래가 그 자신에게 달려 있다는 것을 충분히 알지 못한다." 《진화론적 도덕》이라는 제목이 붙은 유명한 책의 저자인 스펜서에 대한 베르그송 철학의 비판은, 오늘날 윤리에 있어서 '당연한 기초들'을 없애 버리려는 시도들이 누리고 있는 인기를 고려해 볼 때 큰 관심을 받을 만한 가치가 있습니다. 또한 같은 전망에서 베르그송 철학의 정신주의와 균형을 이루기 위해 토머스 헉슬리의 책 《발전과 윤리》, 혹은 1903년 《윤리학 원리》에서 조지 에드워드 무어에 의한 '자연주의적 궤변'에 대한 비판 같은 책들을 다시 읽어볼 수도 있을 것입니다.

■ 진보의 무게, 그것은 비릴리오가 '극의 무기력'으로 부른, 우리를 둘러싼 그 모든 기술적 보철술(補綴術)로 만들어진 것으로 귀착됩니다.

표현이 베르그송 철학처럼 들리는군요. 베르그송이 현세계를 지배하고 있는 논리에 대응하도록 현대인들을 촉구하고 있는 다음과 같이 다르게 바뀐 사상을 비릴리오는 틀림없이 승인할 겁니다. "안락과 사치에 대한 염려가 인류의 주된 관심사가 된 것처럼 보인다. 어떻게 그 염려가 발명 정신을 발전시켰고, 어떻게 많은 발명들이 우리의 과학을 적용함으로써 비롯되었고, 어떻게 과학이 끝없이 발전하도록 정해졌는지를 알아본다면 사람들은 그와 같은 방향에서 한없는 발전이 있을 것이라고 믿도록 유혹받을 것이다." 그는 덧붙여서 다음과 같이 말합니다. "점점 더 꽉 들어찬 군중이 뛰어내리는 경주로에 점점 더 박차를 가하면서 복지를 향해 가는 경쟁을 보았다. 이것은 오늘날 쇄도하는 지경에 있다. 그러나 이런 열광 자체가 우리로 하여금 눈뜨게 해주어야 하는 것은 아닐까?"

■ 어쨌거나 역사가 나선형을 만들어 가고 있다고 믿지 않는
일이 어려운 것입니까?

나선형이라고요? 내가 보기에 선생은 변증법론자입니다. 그러나 농담은 그쯤 해두시지요. 그런 종류의 책들은 사실 그 화제의 시사성으로 인해 강한 인상을 줍니다. 전쟁 이후로 묻혀버린 이런 질문들이 오늘날 다시금 제기되고 있습니다. 베르그송의 책을 읽는 것이 20년 전보다 우리에게 더 많은 것들을 말해 주고 있지요. 물질에서 일종의 깨진 정신을 봄으로써 거침없이 물질을 정신에 대립시키는 논증의 철학적 기초에 대해 사람들은 반대할 수도 있습니다. 그러나 어쨌든간에 자기들의 업적이라는 짐 아래 짓눌린 인류에 대한 묘사는 베르그송의 모든 위력을 간직하고 있다고 말할 수 있습니다.

■ 전체주의는 기술과학이라는 일정한 사상에 폭넓게 의거하
고 있는 것이 아니었습니까? 모든 진보가 공존했던 19세기의 이런 사상에 대해 전체주의가 실제 죽음의 사자였던 것은 아닙니까? 세계적인 두 번의 전쟁 역사가 우리로 하여금 신중하도록 자극하고 있는 것입니까?

세계대전들은 확실히 자신의 역할을 다했습니다. 사람들은 과학과 기술의 진보가 대량 학살에 기여했다는 것을 알게 되었

습니다. 히로시마는 진보라는 사고 자체에 대해 결정적인 의구심을 던져 주었지요. 그러나 '전체주의'를 참조하는 것으로 만족할 수는 없습니다. 나치주의와 공산주의는 별개의 것입니다. 설사 인종차별주의를 옹호하기 위해 생물학적 과학에서 논거를 찾았다 하더라도 나치주의는 오히려 과학과 기술이 아닌 자연을 칭송하였습니다. 옛 소련의 공산주의는 이념적으로 진보사상에 기초를 두었습니다. 이것이 나치주의의 경우와는 전혀 다른 점입니다.

▌ 심지어 진보라는 출판사가 있기까지 합니다.

그렇습니다. 30년대 동안 스탈린의 연속적인 표현들은 기술숭배가 당과 정부의 선전 중심에 새겨져 있었다는 것을 보여줍니다. 얼마 전에 나는 알렉산드르 지노비예프의 《빛나는 미래》뿐 아니라 《현실로서의 공산주의》를 다시 읽었습니다. 후자는 진보 사상이 옛 소련 체제를 여전히 유지할 수 있게 한 80년대초의 유일한 관념으로 남아 있었다는 것을 보여 주는 장으로 끝을 맺고 있습니다.

▌ 나치주의와 스탈린식의 공산주의 이후로 우리는 어떻게 진보 사상을 부활시킬 수 있었습니까?

옛 소련의 공산주의가 무너진 그날, 격렬한 대혼란이 우리의 사고 방식에 영향을 주었습니다. 그것은 유럽 노동자의 중심에 자리잡은 철학, 제2차 국제노동자연맹의 모든 철학에 뿌리를 두었던 진보 사상의 계승자이길 바랐습니다. 여러 세대의 투사들을 사로잡았던 토론들은 진보의 현실에 대해서가 아닌, 사람들이 멈추지 않는 진보가 이 공산주의에서 비롯하여 사회주의를 낮게 했던 것인지, 혹은 계급 없는 사회에 이르기 위해 공산주의를 왜곡했는지를 알아보는 문제에 대해 이루어졌습니다.

정말 이런 사상을 '되살리려고' 노력하지 맙시다. 이런 낡은 지식을 우리는 충분히 가까이 접해 왔습니다. 반대로 우리는 그것들을 사용하지 않음으로써 세상을 재고하려고 시도할 필요가 있습니다.

■ 생산력의 발전과 사회적 진보를 결합시킬 야심이 있던 것은 바로 19세기 사상이었습니까?

그렇습니다. 또한 옛 소련식 사상 체제를 나타냈던 것 역시 그것입니다. 이런 체제들이 사라짐으로써 진보의 미래에 대한 질문이 이제는 더 이상 단지 몇몇 지성인들의 눈에만 제기된 것이 아니었습니다. 그것은 대다수의 관심사가 되었습니다. 가장 큰 위험은 실망이 어떤 사람들에게는 냉소주의로, 또 다른 사람들에게는 숙명론으로 이르게 한 점입니다. 우리 자신을 이런 악마들에게 내어 주기보다는 가장 시급한 것이, 현대의 과학적이고 기술적인 서양 세계에 있을 수 있는 일로 밝혀진 공포스러운 일들을 고려해 볼 때, 우리들 스스로 인간적 환경을 만들 수 있다는 생각 자체를 재검토하는 일일 겁니다.

■ 형이상학적 문제가 선결 조건이라고 말씀하시고자 하는 건가요?

이 선결 조건은 기술적 발전, 지식의 진보, 그리고 인류의 도덕적 진보를 연결하는 방식으로 결정될 것입니다. 내가 보기에 인간은 최악에 대해서만큼이나 최선에 대해서도 언제나 가능하다는 오랜 헤라클레이토스 철학 사상을 더 이상 교묘히 피할 수 없는 것 같습니다.

인간이 관계되는 일일 때, 최악에 대해서 뿐 아니라 최선에 대해서 그 어느것도 결코 미리 보장된 것은 없습니다. 그런데 이와는 반대로, 어떻든 최선의 것이 실현될 거라는 사상을 토대로 진보철학은 성립되었던 것입니다. 그리하여 사람들은 기술 혹은 산업 발전에 일임하였습니다. 이렇게 하여 정치와 도덕에 이르기까지 혜택을 확장시킬 수 있다고 생각했던 것이지요.

■ 이같이 정치에 대한 새로운 표명으로 우리는 진보 사상을 구해 낼 수 있습니까?

우리가 그 사상을 '구해 내야 한다'라고는 생각지 않습니다.

■ 선생님은 자신의 정치적 정의에서 신앙과 평형을 유지하기를 열망하고 있습니다. 왜 그렇습니까?

정치란 존재들 사이에 권력 관계를 형성하려는 믿음 위에 실행되는 하나의 기술입니다. 이 점은 바로 이 대담의 시초로 우리를 이끌어 가는 것인데요, 진보는 정치적 믿음의 대상이었습니다. 사람들은 그것을 완전한 보장으로 참조하였습니다. 이렇게 인식된 정치는 어떤 의미로든 애정이나 증오라는 감정적 작용을 자극합니다. 중요한 것은 이런 믿음의 이유와 이런 작용 방법을 이치적으로 이해하는 데 있습니다. 이런 것이 정치적 과학, 좀더 넓게는 인문-사회과학의 지적(知的) 임무이어야 할 것입니다. 이상과 같은 과학들을 통제하는 형식주의와 경험주의의 지배하에서 관련된 문제들을 멀리하기보다는 합리적이라고 가정된 행위자들의 행동을 모형화하는 것으로 만족하지 않고, 그런 문제들이 묻혀 버릴 수도 있다고 생각한 중대한 문제들을 재발견하게 될 수도 있을 것입니다. 형이상학과의 단절을 선언함으로써 확립되고, 규칙들의 법적 설립과 동시에 각 사회에 있는 규범들의 내면화에 대해 모든 것을 짊어지고 있는, 가장 크게 소리치고 있는 한 문제의 잠잠함에 대해 다시 한번 질문해 보는 것으로 시작해 봅시다. 20세기초에 빈학파가 학문 법정에서 언어학을 통과시킨 악착스러움, 이어서 모든 과학을 소위 언어과학에 동원시킨 구조주의적 주장은 많은 의미를 지니고 있다고 볼 수 있습니다. 우리가 그것들과 근본적으로 구분된다면, 우리는 발명의 재능을 되찾게 될지도 모릅니다.

지나는 길에 질베르 리의 《개발, 서양 믿음의 역사》를 상기해 볼 수 있습니다. 그는 다음과 같이 쓰고 있습니다. "개발을 현대 종교의 한 요소로 간주한다면 신봉자들이 개발에 대해 갖고 있는 관점과 사회학자가 개발에 대해 부여할 수 있는 정의를 분리시키는 차이를 설명할 수 있을 뿐 아니라, 이런 차이가 신앙의 실재를 전혀 위협하지 않는다는 이유를 설명할 수 있게 된다."

개발은 진화처럼 진보의 의미가 갖고 있던 하나의 표현 양식이지, '현대 종교'라고 나는 말하지 않겠습니다. 진보는 현대 정책에 영감을 주어 역사에서 한 철학적 핵심을 구성합니다. 정치는 그 자체로 종교가 작용하는 것과 같은 형태의 감정들을 불러일으킵니다. 나에게는 '전통적' 종교들이 존재하지 않을 거라거나 '시대에 뒤떨어진' 것이 될 것처럼 보이지 않습니다. 이것은 순전히 실증주의자들의 착각입니다. 왜냐하면 그런 종교들이 우리가 살고 있는 극도로 현대화된 사회에 대단히 많이 존재하고 있기 때문입니다. 그것들은 단순히 정치적 믿음과 대립되거나, 전통적이지 않은 관계를 취하고 있을 뿐입니다.

■ 진보의 미래를 믿는다는 것이 점점 더 어려워지고 있다고 말씀하시려는 것은 아닙니까? 그럼에도 불구하고 사람들은 계속해서 진보에 대해 말하고 있습니다만 어조는 완화되었습니다. 사람들은 기술적·과학적·정치적 영향력에 대한 지지자들을 판단하고, 이런 것들의 결과에 대해 평가할 수 있기를 요구하고 있습니다. 적어도 정치적 메시지 그 자체는 완벽합니다. 아마도 그것이 진보 사상을 통해 더 이상 대중을 불러모으지 못하는 이유들 중 하나인지도 모르겠습니다.

병합을 통해, 즉 다시 말해 합치를 통해 불러모을 수 있습니다. 한 뜻깊은 절대적 인물 주위에 연합하여 이루어진 동원——진보의 경우는 전혀 아니었습니다——은 모든 종류의 난폭함을 발생시킬 수 있습니다. 지식에 관해, 또한 기술에 관해서 나타나는 다양한 진보 노선을 분석하려면 이성에 호소함으로써 인간을 움직이게 할 수 있습니다. 사람들은 애써 이런 노선들을 결합시킬 수 있습니다. 한 마디 명령에 찬동하는 군중심리의 의미에서 볼 때, 이런 방식은 사람을 움직이게 하는 것이 아닙니다. 그 방식은 정치나 또 다른 개념과 또 다른 실행에 영감을 불러일으키는 것이어야 하는데, 그것은 역사에서 하나의 철학이 관련된 정치적 결과를 편성하는 것에서 출발하는 것이 아니라, 공적 재산이라는 생각으로 언제나 재구성될 수 있다는 예측 속에 잠재적인 것들을 실현시키는 고충에 따르게 하여, 잠재적인 것들에 실제적인 것이 포함돼 있다는 것을 분석해 내는 데 열중해야 할 것입니다.

■ 오늘날 사회 계급에 대한 개념을 재평가할 필요가 있다고 단정하신 것으로 생각되는데요. 항상 적합하지만은 않았던 마르크스주의라는 이름으로 사회 계급들이 다소 너무 빨리 청

산되었다는 결론을 이끌어 내는 한 방법이 되기도 하겠군요.

격한 흥분으로 치닫는 위험 없이 사회적 투쟁을 인정한다는 것이 있을 수 없는 일인 것 같습니다. 이런 투쟁 주변으로 '계급'이 형성된다는 사실 또한 부인할 수 없습니다. 포기해야 할 것은 바로 경험에 앞서 정해진 지위에 따라 계급을 종류별로 나누는 사회학적 본질주의입니다. 대부르주아가 프롤레타리아 편이 될 수 있고, 자신의 계급에 반대되는 입장을 취할 수 있다고 밝혀진 것을 설명하기 위해 마르크스주의자들이 전념해야 했던 예외적인 곡예를 사람들은 기억합니다. 재집결은 사회 생활 속에서 많든적든 재편성되고 있으며, 실질적으로 등급 매기기를 야기시킬 수 있는 사회 생활에서 벌어지고 있습니다. 그러나 충돌하는 기존 세력권의 공유 노선에 따라 구분된 사회로 바라보는 일을 이제는 그만두어야 합니다. 여전히 정치적 사상을 지배하고 있는 이런 도식화가 비록 열정이나 시위·노래, 또한 치명적 폭발을 야기시킬 수는 있었다 하더라도 결코 사회 현상들에 대해 영향을 미치지는 못했습니다.

선생님은 알튀세 선생과 아주 가까우셨습니다. 그분은 선생님의 친구였고, 선생님의 스승들 중 한 사람이었습니다. 선생님께는 그분의 사상에서 어떤 면들이 오늘날에도 여전히 유효해 보입니까?

오늘날에도 유효해 보이는 루이 알튀세 선생의 교훈들 중에는 그의 처음 기사들 안에 서술돼 있고, 이어 그 자신에 의해 중단된 채 내버려진 사회 현상들을 생각하기 위해 고안한 인과 원칙의 해석에 관한 질문이 있습니다. 스피노자·프로이트·라캉, 혹은 마오쩌둥이나 마르크스에게서의 괴상야릇한 차용을 통하여, 그리고 구조·환유·의미 제한의 개념을 유지함으로써 그가 전념했던 엄청난 도박을 아마도 사람들은 기억할 겁니다. 이 모든 구축이 무너졌습니까? 물론입니다. 그런데도 질문은 여전히 남아 있습니다. 그렇다면 하나의 사회 현상과 관계될 때 어떤 원인의 인과성이란 무엇입니까? 사회적 투쟁을 다루기 위해 정치는 이런 유형의 독창적이면서도 여전히 난해한 인과 원칙에 대해 고려해야 할 것입니다. 어쨌거나 그것을 현실화시키기 위해 정치는 각 개인이 세상과 맺고 있는 관계를 지배하는 감정 체계에 호소합니다. 이것은 서로서로의 이해 관계를 조정하는 것이 아니라, **인간의 신분이라는 일정한 사고와 관련된** 갈등들을 다루게 되는 것입니다. 정치에 대한 실증적이고 실용적인 개념에 고착하기를 바라는 그렇게 많은 사람들에게 나는 다음과 같이 질문합니다. 정치가 이해 관계를 운영하는 것이라고 생각하려면 사람의 신분에 대해 정확히 어떤 개념을 가져야 합니까? 알베르 O. 이르슈만은 이런 사상의 시초와, 그것에서 가장 '사회성이 있는' 것만을 취해 내기 위해 18세기 사상가들이 전념했던 열정들의 선별(選別)을 훌륭하게 설명하였습니다. 오늘날 이런 사상은 그만큼의 반대 효과로서 종교적 뉘앙스를 취할 수 있는 민족주의자들, 혹은 공동체주의자들의 폭발을 야기시켰습니다. 서양의 판단은 지나치게 회교주의에 집중하고 있음에 틀림없습니다. '교조주의'는 또한 유대교적이기도 하고 힌두교적이기도 하며, 그리스도교적이기도 하면서 카리스마적이기도 합니다. 이런 모든 움직임들에 대해 신학-정치적이라고 말할 수도 있을 겁니다. 인정되지 않은 정치는 신학이라는 변장하에 난폭하게 재현됨으로써 인정받지 못한 것을 벌충합니다. 그렇지만 이런 움직임들은 고위 행정가들이 생각하고 있는 것처럼 비이성주의적 폭발로 축소될 수 있는 것이 아닙니다. 그것들은 나름대로의 존재 이유를 갖고 있는 것이지요.

■ 이런 종교적 격화와 병행하여, 예를 들어 몇몇 인지과학 쪽
■ 에서 드러난 축소주의적 시도들, 자연을 통합한다는 꿈이
다시 나타나는 과학만능주의적 시도들이 또한 있습니다.

그것은 19세기 사람들이었습니다.

■ 19세기의 인간은 변할 수 있습니까?

사람들은 매번 스펜서나, 사회에 대한 실증주의적 과학을 창
설하거나 구성하기 위해 생물학적 과학을 참조했던 그와 동시
대 사람들의 책을 다시 읽을 때, 현시대의 책을 읽고 있는 듯
한 인상을 받습니다. 그들은 자신들의 사상을 정착시키기 위해
중심 뇌 체계라는 뇌 쪽으로 눈길을 돌렸습니다. 이것은 오귀
스트 콩트의 경우만큼이나 스펜서의 경우도 마찬가지였는데,
이들은 프란츠 요제프 갈의 골상학에 대해 굉장한 숭배자들이
었습니다. 뇌의 위치 측정에 관한 이 최초의 이론은 유명한 이
공과 대학의 학생에 의해 촉진되었던 '인간 본질에 관한 과학
적 이론'이라는 것이었습니다. 인간의 신경세포에 관한 이해는
중심 뇌 체계에 주어진 구조 속에 모든 인간적 현상을 정착시
키는 동일한 임무가 주어졌습니다. 뇌에 관한 학문들과 인공적
지능 사이의 교차점에서, 사람들은 인간이 어떤 존재인가라는
것에 대한 열쇠를 발견하게 될 거라고 주장하였습니다. 우리는
19세기 과학만능주의 철학의 소생에 참여하고 있는 것입니다!
상호 작용이 지배하게 될 완벽히 통제된 투명한 사회에서 인간
행위가 합리적으로 통제되는 것이 아니라면, 그들에게 진보의
미래는 어떤 것이 되겠습니까?

■ 축소주의가 뇌와 관련된 학문 외에 다른 곳에도 작용하고 있다고 보십니까?

이런 축소주의는 인간의 행동을 계산에 따르게 하는 것을 목표로 하는 모든 사회적 실행으로 이끌어집니다. 합리화라는 이름으로 펼쳐지는 모든 실행들은 일상적인 생활의 조직에까지 해당됩니다. 얼마나 많은 행정과 얼마나 많은 기업들이 인공지능으로 우리를 다루기 쉽게 이끌어 갈 수 있다고 생각하는지 …… 실제로 사람들이 우리를 '신경 단위화'시킨다면 그것은 얼마나 행운이겠습니까! 스피노자가 말했듯이, 우리를 짐승처럼 다루는 것은 현대적 최신 방법이 될 것입니다. 질 샤틀레는 감히 '사이버 짐승'이라는 표현을 사용하였습니다. 그렇지만 이것은 단지 하나의 꿈입니다! 악몽이지요.

■ 진보가 자유와 사고의 훈련에 필요한 위험한 부분인 것처럼 이해된 인간적 모험이라는 항진(航進)에 포함될 때만 진보에 의미가 있을 거라고 말씀하시고자 하는 겁니까?

바로 그것이 놀랄 만큼 훌륭하게 요약된 점입니다. 오늘날은 진보의 요구를 재확인해야 하는데, 비록 그렇게 하는 데는 영웅적인 무엇인가가 있다 하더라도 말입니다. 왜냐하면 우리 사회에는 가능한 다른 형태의 존재에 대한 두려움으로 영향받은 순응주의가 지배하고 있기 때문입니다. 오늘날과 같이 어마어마한 난잡함 속에서 다른 규칙들과 다른 규범들에 대한 가능성을 분별한다는 것, 그것을 사람들은 '철학상의 문제를 사색한다'라고 말할 수 있습니다. 그러나 이런 위험을 무릅쓴다는 것, 그것은 결국 개인적으로 고난에 처하게 된다는 것입니다. 피에르 아도에 의해 훌륭하게 재생된 철학에 관한 고대의 몇몇 사상이 우리를 고취시킬 수도 있을 것입니다.

철학상의 문제를 사색한다는 위험, 이것은 모든 사람이 철학을 한다는 의미가 아닙니다. 이것은 또한 철학자들이 철학자가 아닌 사람들과 맺고 있는 관계 유형에 대해 숙고해야 할 것을 의미하기도 합니다. 모든 사람이 철학을 할 수 없고, 혹여 그렇게 된다면 우리는 콩도르세에게로 귀착하게 됩니다. 철학 수업이 중등 교육에 영광을 베풀었기 때문에 철학을 초등학교에까지 확장하는 것을 고려해야 합니까?

분명히 모든 사람이 철학을 할 수 있습니다. 어떤 의미로는 모든 사람이 철학자이기 때문입니다. 각자는 자신의 이해력을 개선할 수 있고, 신에 대한 정신적 사랑으로까지 이를 수 있습니다. 문제는 어떤 방법을 통해서인가 하는 것을 아는 것입니다. 고등학교에서 철학에 할애된 교육 분량을 증가시킴으로써입니까? 특별히 철학 교수들의 주요 임무로 보이는 것을 상기시킴으로써 그렇게 할 수 있습니다. 그것이 학설에 대한 엄격한 교육 외에 학생들에게 철학을 하고자 하는 꺼지지 않는 욕망에 불을 지피게 하는 것이 아닙니까? 이런 목표가 정해지면 기술 · 문학, 혹은 과학 수업이 관련됨에 따라 물론 실행하는 다양한 방법이 있습니다.

문학가 · 철학자 · 과학자들 사이에 단절이 20년 동안 움푹 패어 왔다고 보시지 않습니까?

5,60년대 동안 프랑스의 인문-사회과학 전문가들과 엄격한 의미로 문학가들은 집중된 인식론적 염려를 드러냈습니다. 그들은 자신들의 교과목의 특수성에 대해 자문해 보기 위해 바슐라르와 그의 계승자들을 참조했습니다. 그들 각자는 거기서 '인식론적 단절'로 이르게 되었던 것입니다. 사람들은 오늘날 알튀세 · 라캉 · 레비 스트로스 · 바르트 · 부르디외…… 그리고

셀 수 없는 수의 제자들 모두가 따른 구조주의자들이라고 불리는 물결이 밀려오던 시대에 이렇게 의례적으로 바슐라르주의를 참조하는 특성을 사람들은 쉽게 상상할 수 없었습니다. 70년대 중반에 들어서 그 원인이 잘 알려진 듯했습니다. 인식론은 프랑스적 전통에 속하지 않았던 것보다 더 많은 인기를 누리지는 못했습니다. 이처럼 절실히 요구된 구별하는 일에 그다지 지나치게 염려하지 않으면서 몇몇 젊은 대학생들이 온통 뒤범벅이 된 채 포퍼·비트겐슈타인·카르나프·콰인, 혹은 오스틴을 찬양하는 것을 사람들은 보게 됐지요. 그 이후로 상황이 진전되었습니다. 그래서 오랜 훌륭한 인식론이 죽었다는 고집스러운 광고에서도 살아남아 여전히 프랑스에 남아 있는 것 같습니다. '과학철학'의 지지자들에 관해 말하자면, 그들은 인지과학에 몰두하고 있습니다. 그들은 정신 상태의 신경세포에 관한 기초를 확립하기 위해 생물학자들의 비위를 맞추고 있고, 그리고 그들은 후설이나 메를로 퐁티의 후계자들과 함께 그들이 '정착시키기'를 바라는 지향성이라는 오래 된 질문에 대한 협약을 통과시키려고 바쁘게 일하고 있습니다. 현재의 과학자들에 비추어 본다면, 그들은 자기들의 일을 사고의 논제로 여기면서 철학적 성격의 저서들을 집필하는 일이 점점 더 많아지게 될 겁니다. 우선 이런 현상이 프랑스의 오딜 자코브라는 이름 주변에서 확연해졌습니다. 그리고 나서 그는 대부분의 대규모 출판사들에 점점 더 가까이 가서 접했습니다. 그는 단지 전처럼 쇠퇴기에 있는 연구자들을 더 이상 불러모으지는 않습니다. 이것이 단절 상태로 보이는 것이지요……

"철학을 대중적으로 만드는 일을 서두릅시다"라고 말했던 디드로의 이상을 적어도 간직할 수는 있습니까?

그렇습니다. 지친 우리들이 사는 세상이 효용성과 유용성이라는 염려로 온통 점유되는 일이 그쳐지고, 모든 창의성의 조건인 지적 사변(思辨)에 대한 욕구를 오랜 기간 동안 몰아내는 데 성공하기 전에 서둘러야 할 것입니다. 그러나 우선 철학을 '대중적'으로 만든다는 것이 의미할 수 있는 것에 대해 이해해 보도록 합시다. 만일 그것이 철학적 학설을 대중화하는 것이나, 특수 용어를 통속화시키는 것과 관련된다면 한 시간도 채 걸리지 않을 겁니다. 중요한 것은 몇몇 철학자들이 대중적이 되는 것이 아니라 제기된 문제들을 해결하기 위해 시민들이 철학을 사용할 수 있어야 한다는 것입니다. 삶의 어려움과 시간의 냉혹함에 직면하여 그들이 처음 도래한 기술적 임시 해결 쪽으로 뛰어들거나 신비적 신학의 사변에 매료당하도록 내버려두기보다는 철학적 명상의 길을 취한다면, 바로 그것이 진보일 겁니다. 얼마 전부터 유명한 카페에 모인 몇몇 프랑스 시민들이 나타낸 철학에 대한 관심이 그런 의미에서 철학을 대중적인 것으로 만들 수 있다면, 그것에 대해 기뻐해야 할 것입니다. 그러나 그것에 기여하는 데는 분명 철학 교수들이 수업에서 가장 적합한 사람들인데, 그 이유는 어휘나 논의, 그리고 자기 자신에 대해 일정하게 미리 해야 하는 전문적 작업 없이 맨손으로는 철학을 할 수 없기 때문입니다.

대중적임을 사명으로 하는 철학 강의의 개관을 해주실 수 있습니까? 전체적인 윤곽 정도로 충분할 것입니다!

전세계적으로 생명윤리학적 불안의 무대에 막 등장한 그 유명한 돌리를 예로 들어 봅시다. 과학에서 철학사를 시행하게 하는 정말 훌륭한 초대가 아닙니까? 그러므로 정확히 복제라는 것과, 알랭 프로시앙츠가 지적했던 대로 어떤 점에서 돌리가 엄격한 의미에서 모체에 일치하는 복제품이 아니며, 또 그렇게 될 수도 없다는 것을 설명하는 것으로 시작해야 할 것입니다. 사람들은 어떤 점에서 돌리의 '생산'이 진정한 과학의 쾌거가 되는지를 보여 줄 것입니다. 선두에 노벨상을 수상할 정도의 가장 뛰어난 사람들이 이런 복제 행위가 실현 불가능하다고, 그 바로 직전에도 여전히 설명했던 이유를 특히 자문해 보아야 할 것입니다. 틀림없이 '수정(修整)'의 좋은 예입니다. 그리고 나서 약학이나 의학에서와 마찬가지로 농학에서 이런 연구가 예상되었다거나 예측할 수 있는 적용에 대해 자문해 보게 될 것입니다. 이것이 우리가 방금 이야기한 진보에 대해 빠뜨리지 않고 제기하는 질문들인 것입니다. 그렇지만 사람들은 분명 그 정도에서 그칠 수 없을 겁니다. 양을 돌보는 사람에게로의 확대 적용이 취하는 국면을 분석해야 할 것입니다. 그렇다면 내일은 히틀러나 혹은 바르도를 복제할 것입니까? 몇몇 사람들은 오히려 클라우디아 시퍼를 제안할지도 모릅니다. 인간에 대한 유전 연구의 견해를 틀림없는 것으로 믿거나 믿는 듯이 보이는 수많은 과장된 광고들이 있습니다. 만일 이런 견해가 틀렸다면, 만일 그런 경고들이 정당화되지 않는다면 우리들이 특권으로 갖고 있는 '자유 의지'를 그 광고들은 모르고 있기 때문입니까? 사람들은 선험적 철학이라는 이름으로 그것을 확증할 수 있습니다. 어떤 면에서 진화가 다른 고등 포유동물들에게서보다 인간에게 엄격한 유전자적 결정론에서 벗어나게 해준 진보 양식을 마련해 주었는지를 보여 주는 것은 분명 더 흥미로울 것입니다. 두 개체의 인간 존재가 동일할 수 없다는 것은, 예견할 수 없는 독특한 자신의 역사가 유전자적 프로그램을 실행하는 조건을 결정하는 것을 각자가 보는 것에 관련되는 일입니다. 이미 진짜 쌍둥이들의 경우에 증명된 사실입니다.

그러므로 사람들은 유용하게도 기술에 관한 법률상의 비유 체계만큼이나 거기에 결합된 프로그램 개념에 대해 질문해 볼 수 있습니다. 인간 복제에 직면하여 분명 우리들 중 많은 사람들을 사로잡고 있는 정말 성스러운 공포감을 마침내 분석해 보아야 할 것입니다. 기술적 수단이 불멸이라는 우리들의 욕망을 만족시키기 위해 자처하고 있는 것처럼 보인 이상, 우리를 사로잡고 있는 현기증에 그 공포를 전가시켜야 합니까? 그것은 최후의 요소인 정자를 제외시키는 것을 보게 함으로써 우리를 사로잡고 있는 불안을 여전히 더 많이 표현하고 있는 것은 아닙니까? 서양에서 우리의 존재를 뒷받침하고 있는 모든 계통의 표현이 잘못되었습니다. 프랑수아 다고네가 아주 잘 지적했던 것처럼 "그것을 통해 모든 것이 파괴되었는데, 어린이가 만들고 증가시킨 아름다운 가족적 삼위일체가 분명 파괴되었습니다. 오이디푸스가 죽음으로써 새로운 삶이 예측되고 있는 것입니다." 이것에서 비롯되는 결과들 중 최악의 것만을 상상하는 대신에 최선의 것을 끌어내는 것은 바로 우리들입니다.

■ 그렇다면 진보의 미래에 대해 어떤 윤리를 생각해 볼 수 있겠습니까?

두려움이라는 윤리에 나는 기꺼이 미덕들 중 가장 주된 용기를 대립시키겠습니다. 역경에 직면하여 인내라고 하는 현대적 의미로서가 아니라, 커다란 위험에 맞서기 위해 두려움을 능가하는 능력이라고 하는 전통적 의미로서 말입니다. 플라톤은 이미 그것을 미덕들 중의 미덕, 모든 덕의 조건 그 자체로 간주하였습니다. 프로타고라스 이론은 역설적인 특성을 강조하였습니다. 용기는 다른 어떤 미덕보다도 그 뿌리를 감정에 더 깊이 두고 있습니다. 그러나 그것은 또한 다른 모든 것보다 더 지성을 자극하는데, 그 이유는 주어진 상황에서 그것의 정확한 적용점을 분별해 낼 줄 알아야 하기 때문입니다. 만일 용기가 비겁함에 대립된다 해도 무모함과는 혼동되지 않습니다. 에피쿠로스는 말하기를 "용기는 천성적으로 생기는 것이 아니라 유용성에 따라 이성적으로 생기는 것이다"라고 하였습니다. 그러나 내가 보기에 그것은 그것으로 인해 모든 대가를 치른 용기의 또 다른 역설입니다. 이런 '사적인' 미덕은 참으로 개인의 영혼의 힘을 측정하는 것이지만, 이미 호메로스와 마키아벨리는 그것을 또한 훌륭한 시민의 미덕으로 간주하였습니다. 이후로 진보의 미래에 영향을 주는 불확실함에 직면하여 우리는 아주 긴급하게 그 용기를 재발견해야 할 것입니다.

용기에 관한 이런 교훈에 선생님께 감사드립니다.

김영선
수원대학교 불어불문과 졸업
프랑스 프랑슈콩테대학 석·박사학위 취득
현재 수원대학교·외국어대학교 출강

현대신서
42

진보의 미래

초판발행 : 2000년 11월 10일

지은이 : 도미니크 르쿠르
옮긴이 : 김영선
펴낸이 : 辛成大
펴낸곳 : 東文選

제10-64호, 78. 12. 16 등록
서울 종로구 관훈동 74
전화 : 737-2795
팩스 : 723-4518

ISBN 89-8038-112-3 04100
ISBN 89-8038-050-X (현대신서)

東文選 現代新書 35

여성적 가치의 선택

포르셍 연구소
문신원 옮김

여성적인 가치들은 어떤 것인가? 그 가치들은 남성적인 가치들의 평가절하를 의미하는가, 아니면 반대로 새로운 공유가치체계의 도래를 의미하는가? 이 새로운 가치체계는 정치적인 태도를 심오하게 변형시킬 것인가? 남성적인 가치들이 강하게 침투해 있는 기업에서는 어떤 문화적 혁명을 겪게 될 것인가?

여기에서 말하는 여성적 가치들이란 남자 혹은 여자라는 구체적인 개인들을 가리키는 것이 아니라 원리들, 사회적 혹은 개인적인 기능의 모델들과 구조들, 판단과 결정의 기준들, 우리가 '남성적인' 혹은 '여성적인'이라고 규정지을 수 있는 행동들과 행위들을 말하는 것이다.

본서는 169년의 전통을 자랑하는 프랑스 유수의 커뮤니케이션 그룹인 아바스(Havas)의 포르셍 연구소에서 21세기를 대비해 펴낸 미래 예측보고서 중의 하나이다. 전세계 63개국에 걸친 연구원들의 활동을 바탕으로 현재 우리 사회에서 태동하여 미래에 결정적인 역할을 하게 될 사회학적 움직임들을 세계적인 차원에서 깊숙이 파악하고 있다.

본서는 권력 행사, 기업 경영, 과학, 기술 마케팅, 커뮤니케이션에 관한 여성적 가치의 실제적 파급효과에 관한 매우 중요한 지표들을 제공하고 있어, 각계의 지도자들은 물론 방면의 종사자들에게 반드시 일독을 권할 만한 책이다.

프랑스 [메디시스 賞] 수상작

경제적 공포

비비안느 포레스테

김주경 옮김

노동을 하지 않으면 신분도 사라진다. 노동이 없다면 인간은 타락한 존재에 불과하다. 노동은 임금이고, 임금은 소비이며, 소비는 생활이기 때문이다. 또한 노동은 우리들 존재의 알파와 오메가이기 때문이다. 그 일자리를 잃는다는 것은, 일반적인 의미의 생명의 범위를 벗어나는 것이다. 그것은 곧 수치인 낙인을 나타낸다.

"인간을 이용하려는 불행보다 더 끔찍한 것이 있는데 그것은 바로 이용당할 기회마저 상실하였다는 사실이다. 그래서 '수익성'을 올리는 데 이용할 만한 가치가 없는 자들의 삶도 과연 유용한 것이냐는 질문이 되풀이된다. 그런데 이 질문 또한 살아갈 '권리'를 갖기 위해서는 살아남을 수 있는 '자격'이 필요한가? 라는 질문의 반향이다. 이 질문에서는 뭔가 두려움이 새어나온다. 걷잡을 수 없는 확산을 통해 정당화된 공포는 쓸모없는 잉여 존재라고 인정된 수많은 인간들을 보지 않으면 안 된다는 데서 오는 공포"라고 지은이는 말하고 있다.

1996년 10월에 발간된 이후,《경제적 공포》는 그것이 마치 하나의 사회적 현상으로서 취급해야할 만큼 엄청난 성공을 거두었다. 이미 17개국에서 번역되어 마르크스의《자본론》이후 가장 많이 팔린 경제서가 되었으며, 노동문제에 관한 한 세계적인 필독서로 인정받고 있다.

東文選 現代新書 63

미학개론
— 예술 철학 입문

앤 셰퍼드

유호전 옮김

　보티첼리의 비너스는 왜 아름다운가? 우리는 예술 작품의 '의미'와 '진실'을 제대로 논의할 수 있는가? 예술가의 의도를 아는 것이 예술 작품 감상에 필요한가? 예술 작품 비평에 도덕적인 문제가 고려되어야 하는가?

　미적 경험이 풍요롭다는 것은 상상력과 이해력의 발전을 동반한다. 예술은 감성과 지성을 함께 사용하며, 예술을 연구하기 위해서는 유연한 상상력과 지적 훈련이 결합되어야 한다. 만약 예술에 대한 반응 능력을 개발할 수 있다면, 우리는 인간으로서의 잠재력을 개발할 수 있는 것이다.

　미학 개론의 저자 앤 셰퍼드는 미학의 복잡하고 중요한 문제들을 집요하게 탐구한다. 셰퍼드는 예술 작품들이 공유하는 가치가 무엇인지를 다양한 이론으로 제시하면서, 역사적으로 영향력 있는 견해에 대한 간단한 소개와 제기된 철학적 문제들의 설명을 곁들이고 있다.

　셰퍼드는 예술의 모든 형태를 다 논의하되 특히 문학 분야를 강조하여 진실과 의미의 개념, 비평적 해석과 평가, 예술을 통한 올바른 가치와 태도의 습득 과정, 예술과 도덕의 관계 등 제반 문제들을 예리하고 세밀하게 파헤친다. 앤 셰퍼드는 이 모든 문제의 날줄과 씨줄을 함께 뽑아내면서 우리가 그림을 보고, 건축물을 감상하며, 음악을 듣고, 문학 작품을 연구할 때 내리는 미적 판단을 종류별로 분석하고 있다.

東文選 現代新書 7

20세기 프랑스 철학

에릭 매슈스
김종갑 옮김

현대 프랑스 철학에 대한 애정 깊은, 그럼에도 비판적인 시각이 배어 있는 소개서이다. 프랑스 철학에 접할 기회가 없었던 학부 학생들이나 일반인들은 이 책을 읽고서, 나름의 문제와 씨름하면서 진지하게 해결책을 모색했던 프랑스의 지적 사조의 맥락을 분명하게 잡을 수 있을 것이다. 무엇보다 이 책의 장점은 내용과 문체의 분명성에 있다.

단 한 권의 책에 20세기 프랑스 철학의 역사를 기술하면서도 나름의 철학적 입장을 노련하게 전개했다는 점에서 근래에 보기 드문 업적이라 할 수 있다. 저자인 매슈스가 엄격한 철학자이면서 동시에 박학한 역사학자라는 데는 의문의 여지가 없을 것이다.

이 책에서 매슈스는 20세기의 중요한 철학자들의 업적을 역사적이면서 비판적인 시각에 입각해서 소개했다. 난삽한 전문용어의 사용을 최대한 자제하면서, 매슈스는 데카르트 철학에서 유래한 프랑스 철학이 현대에도 베르그송이나 사르트르·메를로 퐁티·푸코·데리다와 페미니스트의 저술에서 계승, 발전되고 있음을 설득력 있게 보여 주었다. 또한 저자는 철학을 프랑스의 광범한 문화의 연장선에 올려 놓으면서 영미권 철학과의 유사성과 차이에도 주목하고 있다.

東文選 現代新書 24

순진함의 유혹

파스칼 브뤼크네르
김웅권 옮김

동서 냉전구조가 사라진 오늘날 거대한 소비사회의 개인이 안고 있는 문제를 개인과 개인주의 태동과정을 역사적으로 조명하며 탐구해 나간 역작. 저자는 자기 행위의 결과로부터 벗어나고자 하는 현대의 개인들이 앓고 있는 병, 즉 자신은 어떠한 불편도 감수하려 하지 않으면서 자유의 혜택만을 누리고자 하는 기도를 '순진함'이라 일컫고, 이 병은 '유년기적 행동 경향'과 '희생화 경향'이라는 두 가지 방향으로 피어난다고 설명한다.

오늘날 적어도 물질적 차원에서 보면, 모든 것을 '즉시 여기에서' 만족시켜 줄 수 있는 신용소비사회에서 적나라하게 드러나는 유아적 태도. 어떤 명분을 위해서도 자기 자신을 희생시킬 수 없는 모래알 같은 개인. 개인으로서 해방과 자유를 쟁취하고 경제적 정의를 보장받았을 때, 상승을 거부하며 저급한 오락과 소비로 눈을 돌려 버린 대중. "나는 희생자이다. 그러므로 나는 더 권리가 있으며, 내 행동에 대한 책임은 없다"라는 논리 아래 법치국가와 복지국가에서는 약자인 희생자의 편에 서야만 살아남을 수 있다는 심리구조가 확산되어, 모두가 자신을 희생당하고 박해받은 자로 내세우는 사회, 억압받는 자의 한 패러다임으로 해석되어 유태인과 비교되기도 하는 여권주의 운동. 이미 그 의미가 국제적 차원을 획득한 유고슬라비아 사태의 희생화 경향. 이데올로기 전쟁의 종말과 더불어 국가와 민족들을 모두 서로에게 잠재적인 적으로 만든 공산주의의 실패. 외설스러울 정도로 노출된 비극적 장면들과 일상의 가벼운 장면들을 한꺼번에 쏟아내어 대중으로 하여금 사건들을 순식간에 망각 속에 묻어 버리게 하고, 비극 자체에 무감각하게 만드는 대중매체…… 등등.

하나의 주제를 놓고 사유를 확장하고 심화시키는 작업이 가져온 결정물의 아름다움이 담겨 있는 《순진함의 유혹》은 독자들에게 책 읽는 즐거움을 한껏 선사하고, 새로운 시야를 열어 주고 있다.

무관심의 절정

장 보드리야르
이은민 옮김

　현재 프랑스를 대표하는 철학자 중의 한 사람인 장 보드리야르와 철학 박사이자 기자인 필리프 프티와의 대담.

　차이를 경험하는 모든 것은 무관심에 의해 사라질 것이다. 가치를 경험하는 모든 것은 등가성에 의해 소멸될 것이다. 의미를 경험하는 모든 것은 무의미에 의해 죽어 갈 것이다. 그리고 우리가 마지못해 모든 것을 비축하고, 모든 것을 기록하며, 모든 것을 보존하는 이유는 우리가 더이상 무엇이 참이고 무엇이 거짓인지를 모르기 때문에, 무엇이 옳고 무엇이 그른지 모르기 때문에, 무엇이 가치 있고 무엇이 무가치한지를 모르기 때문이다.

　우리는 가치들의 변화를 변모와 교체했고, 가치들의 상호적 변모에 가치들 서로에 대한 무관심과 혼돈, 어떤 점에서는 이 가치들의 변이적 가치 하락과 교체했다. 가장 나쁜 것이 이 모든 가치들을 재평가하는, 그리고 이 가치들의 무관심한 변환을 재평가하는 현대의 상황이다. 가치들의 감염을 유발하는 지나친 기능성에 의한 유용성과 무용성의 구분 자체는 더 이상 제기될 수 없다——이것이 용도라는 가치의 종말이다. 진실은 진실보다 더한 진실 속에서, 진실한 것이 되기에는 너무나 지나친 진실 속에서 소멸된다——이것이 위장의 지배이다. 거짓은 거짓이 되기에는 너무나 지나친 거짓 속에 흡수된다——이것이 미학적 환상의 종말이다. 그리고 악의 파괴는 선의 파괴보다 훨씬 고통스럽고, 거짓의 파괴는 진실의 파괴보다 훨씬 더 고통스럽다.